Philippe Combessie

Sociologie de la prison

Éditions La Découverte
9 *bis*, rue Abel-Hovelacque
75013 Paris

Catalogage Électre-Bibliographie
COMBESSIE, Philippe
Sociologie de la prison. — Paris : La Découverte, 2001. — (Repères ; 318)
ISBN 2-7071-3469-4

Rameau :	prisons : aspect social : France prisons : aspect sociologique
Dewey :	365 : Établissements pénitentiaires
Public concerné :	Tout public

Si vous désirez être tenu régulièrement informé de nos parutions, il vous suffit d'envoyer vos nom et adresse aux Éditions La Découverte, 9 *bis*, rue Abel-Hovelacque, 75013 Paris. Vous recevrez gratuitement notre bulletin trimestriel **À la Découverte**.

Introduction

> *« Mon désir n'est pas de créer l'ordre, mais le désordre au contraire au sein d'un ordre absurde, ni d'apporter la liberté, mais simplement de rendre la prison visible. »*
>
> Paul CLAUDEL

Ce livre présente la prison à partir des analyses développées par les chercheurs en sciences sociales. Leurs démarches, sensiblement différentes de celles des sciences juridiques, impliquent certains changements de points de vue qui ne peuvent qu'être intellectuellement féconds pour toute personne qui se pose des questions sur les institutions carcérales.

On y propose une synthèse des orientations de recherche des principaux sociologues d'Europe et d'Amérique du Nord qui se sont intéressés à la prison. Ces orientations sont comparables parce que les fonctions sociales de l'enfermement se retrouvent partout, malgré des législations différentes.

Ces différences de législations rendent en revanche délicates les comparaisons internationales chiffrées. Il suffit que la police d'un pays puisse garder les personnes soupçonnées de crime pendant une longue période, pour que soient biaisées les comparaisons concernant la détention provisoire lorsque, dans un autre pays, ces personnes sont envoyées en prison. La même remarque s'applique au cas des étrangers (centre de rétention ou prison ?), des malades mentaux (hôpital psychiatrique ou prison ?), et d'autres catégories encore. C'est la raison pour laquelle les exemples chiffrés et les éléments de législation présentés dans cet ouvrage concernent un seul pays, la France.

Cela n'enlève rien à la portée sociologique des analyses qui reste valable pour la grande majorité des enfermements pénitentiaires dans les pays démocratiques.

On se propose donc de rendre compte des origines et des justifications de l'institution carcérale, des populations qui y vivent et y travaillent, des politiques sociales dont elle est l'objet et des éclairages qu'en donnent les analyses sociologiques.

Une première partie, socio-historique, montre comment la prison s'est imposée en instrument privilégié de régulation et de traitement des troubles sociaux. L'articulation entre les logiques des sanctions et celles de l'enfermement explique son enracinement dans les sociétés modernes et éclaire les logiques de justification de la prison d'aujourd'hui. Après une présentation des différents lieux d'enfermement, la deuxième partie s'attache aux caractéristiques sociologiques des acteurs de la prison : détenus, mais aussi personnels divers qui travaillent en milieu carcéral, professionnels ou à titre bénévole.

À partir de ces repères, on peut examiner ensuite les politiques pénitentiaires et les politiques pénales qui intègrent la question carcérale, c'est-à-dire les mises en pratique des théories des sanctions présentées en première partie.

Chronologiquement, les premières investigations sociologiques portant sur les prisons les envisageaient comme des espaces clos, des sociétés autonomes. Deux axes de recherche ont été successivement privilégiés : les adaptations à l'univers carcéral et la prison comme organisation. Ils sont présentés dans le chapitre IV.

Au cours des années soixante-dix (le tournant est marqué, en France, par les analyses de Michel Foucault), une nouvelle orientation apparaît : la prison est moins le centre des recherches que l'occasion et l'objet d'une analyse de la société qui la sécrète, l'organise, la tolère. Le cinquième et dernier chapitre intitulé « La prison dans la société » comporte, en seconde partie, une double approche de la récidive grâce à laquelle on peut voir comment les travaux sociologiques se croisent, s'excluent ou se complètent autour de cette question centrale pour apprécier le rôle que la société confie à ses prisons.

Ces analyses permettent enfin de déboucher, en conclusion, sur les questions que posent les pratiques carcérales aux sociétés démocratiques ; les exigences éthiques et les limites pragmatiques des projets de réforme pénitentiaire doivent être envisagées, à l'aube du XXIe siècle, dans une perspective de réduction des risques.

I / Les fonctions de la prison

Le plus souvent, les réflexions sur la prison portent sur la *peine* de prison ; dans le langage courant, l'adjectif *pénitentiaire* est presque synonyme de *carcéral*. Cette assimilation de *prison* à *peine* de prison est l'effet de la convergence de différentes logiques et de différents intérêts qui ont façonné, à partir du XVIIIe siècle, et renforcé ensuite, une image de la prison qui pourrait être, enfin, une « bonne peine », adaptée à la fois aux exigences du droit et à la modernité des sociétés démocratiques issues de l'esprit des Lumières. Un détour historique est nécessaire pour déconstruire cette représentation.

1. Évolution de l'enfermement

Depuis l'Antiquité et jusqu'à la fin du XVIIIe siècle, lorsqu'un individu était condamné, il pouvait être banni ou supplicié, et bien souvent jusqu'à la mort — c'est encore le cas dans plusieurs pays.

Les changements économiques et politiques qui ont bouleversé le monde occidental il y a deux siècles ont été précédés et accompagnés d'importants travaux de réflexion qui tendaient à promouvoir l'individu face au groupe social et face à l'État qui, depuis quelques siècles, s'était constitué avec à sa tête un souverain puissant. Dans ce contexte des Lumières et des philosophies humanistes (rappelons les noms de Beccaria, Bentham, Rousseau, Voltaire, et bien d'autres), les souffrances infligées par les châtiments corporels devenaient aussi insupportables

La naissance de la prison selon Michel Foucault

Dans *Surveiller et punir, naissance de la prison*, Foucault replace l'enfermement pénitentiaire dans une perspective plus vaste, celle de l'évolution de la société moderne et du contrôle social, avec le développement de projets, et la mise en place d'institutions, concourant à la disciplinarisation des corps et des esprits (école, armée, etc.). Il s'agit d'une « archéologie » de la société disciplinaire, reposant sur le projet d'enfermement pénitentiaire comme modèle explicatif.

La démonstration est séduisante à condition de tenir compte de la perspective de l'auteur. Son analyse relève davantage de philosophie du droit ou de philosophie politique que de sociologie des pratiques d'enfermement. Ainsi les *projets* et *prescriptions* examinés par Foucault ne correspondent pas toujours aux *pratiques*. S'agissant de la disciplinarisation des corps par exemple, pour ce qu'on peut en connaître, le travail quotidien des surveillants ne consiste pas à dresser les corps des détenus. D'autre part, analyser la naissance et le développement du projet de prison comme *peine* ne doit pas faire oublier les origines de l'enfermement carcéral qui ne s'inscrivent pas dans une logique pénitentiaire.

Cet ouvrage classique a pu être ainsi nuancé et complété par les travaux d'historiens et de sociologues spécialistes de la prison et de la justice pénale, notamment Brodeur [1976], Léonard [1980], Robert [1984], Ignatieff [1984], Castan [1991], Rostaing [1997].

que l'absolutisme royal. D'autre part, quand l'industrialisation naissante demandait de plus en plus de main-d'œuvre, ces supplices, en anéantissant la force de travail que représentait l'individu condamné, se révélaient contre-productifs.

À partir de la fin du XVIIIe siècle, la condamnation à mort fut limitée à un nombre réduit de crimes, et rendue moins cruelle (en France, l'invention du Dr Guillotin était destinée à atténuer les souffrances du condamné). Quant aux supplices qui n'entraînaient pas la mort, ils furent remplacés par un dispositif pratique et modulable : l'enfermement. C'est alors que la *peine de prison* prit une importance qui n'allait cesser de s'étendre. On enfermait déjà auparavant, mais il était exceptionnel qu'un tribunal *condamne* à l'enfermement, la peine de prison n'était alors utilisée à titre de châtiment judiciaire que de façon ponctuelle et accessoire.

C'est pour son caractère pratique, souple, et moins traumatisant que les supplices antérieurs, que la prison remplaça rapidement les autres formes de châtiments, considérés d'autant plus volontiers comme barbares qu'ils étaient associés à d'anciens régimes dont les nouveaux pouvoirs politiques avaient tout intérêt à ternir l'image.

Les enfermements de l'Ancien Régime

À l'aube du XIXe siècle, si la *peine* de prison est à peu près nouvelle, le dispositif de l'enfermement l'est beaucoup moins. On le connaît dans la quasi-totalité des sociétés humaines. Les pratiques ont tellement varié au cours des siècles qu'on ne saurait les décrire toutes. Voici les plus importantes, regroupées selon quatre principaux domaines d'application : judiciaire, politique, administration de la cité, groupe familial.

Relèvent du domaine judiciaire :

— l'enfermement qui précède le procès. On le connaît depuis l'Antiquité. Il permet, pour l'instruction du procès, d'avoir les inculpés à disposition. Pour cela, des cellules ont été aménagées dans l'enceinte même des tribunaux. Pour faire avouer les inculpés, on les soumet parfois à la *question*, dans des salles de torture ;

— l'enfermement qui précède l'exécution d'un supplice ; c'est la prison de Socrate, celle où François Villon a composé sa *Ballade des pendus* ;

— l'enfermement des galériens quand ils ne travaillent pas ;

— l'enfermement, souvent à vie, des condamnés à mort graciés, ainsi que celui des femmes et vieillards condamnés pour des infractions qui les auraient envoyés aux galères s'il s'était agi d'hommes valides ;

— l'enfermement des mauvais payeurs, pour les inciter à régler leurs dettes ou contraindre leurs familles à les y aider ;

— l'enfermement des proches d'une personne sur qui on veut faire pression (pour qu'elle se livre à la police, avoue un crime, dénonce des complices, règle des sommes qui lui sont réclamées…).

Relèvent du domaine politique :

— l'enfermement de concurrents ou d'opposants politiques. Louis XI est célèbre pour les *fillettes* (cages de fer), où il retenait prisonniers nombre de ses adversaires ; les directives du Prince furent ensuite transmises par *lettres de cachet*. La forteresse de la Bastille fut le plus emblématique de ces lieux de détention arbitraire, mais on peut retenir aussi la forteresse de Pignerol, où fut enfermé le surintendant Fouquet ;

— l'enfermement des opposants idéologiques, porteurs d'idées ou auteurs de pratiques jugées subversives ; c'est l'enfermement des philosophes des Lumières (Voltaire, Diderot, Sade...).

Relèvent de l'administration de la cité :

— l'enfermement des pauvres, mendiants et indigents ; il a commencé à partir de la fin du Moyen Âge. Robert Castel [1995] rappelle que n'étaient enfermées, dans un premier temps, que les personnes appartenant directement à la communauté ; étrangers et vagabonds n'étaient pas concernés (pris, ils étaient chassés du territoire) ; il s'agissait d'un instrument de « gestion de la mendicité » dont étaient exclus « les individus les plus indésirables ». En France, on a appelé ces dispositifs l'*hôpital général*, puis les *dépôts de mendicité*. Les besoins de l'industrialisation naissante et des justifications morales ont concouru au développement d'établissements clos où les reclus étaient contraints de travailler : *ateliers généraux* et *maisons de force* en France ou en Belgique, *working houses* en Grande-Bretagne ;

— l'enfermement des malades contagieux ou susceptibles de l'être (léproseries, etc.) ; il s'est développé avec les grandes épidémies du Moyen Âge ;

— l'enfermement en quarantaine : au XVIIe siècle, avec le développement des voyages lointains, on institua des périodes pendant lesquelles les voyageurs, avant de pouvoir rejoindre la cité, étaient retenus dans des lazarets. On peut noter que certains lieux ont servi, au cours des siècles, à différents types d'enfermement, comme le Château d'If, en rade de Marseille, rendu célèbre par *Le Comte de Montecristo* ;

— l'enfermement des déviants divers : le développement des villes, avec l'affaiblissement du contrôle social direct qui peut exister dans les structures villageoises, a conduit à enfermer des personnes aux comportements hors normes, qualifiées parfois d'aliénées, ou celles qui s'adonnaient à des pratiques réprouvées, comme les prostituées.

Relève du domaine familial :

— l'enfermement des enfants dont les comportements nuisaient à l'image ou au développement de la famille (par exemple, mésalliance des filles) ; le système s'était institutionnalisé sous la forme des *lettres de petit cachet*.

Les fonctions sont donc diverses : les enfermements qui relèvent du domaine judiciaire servent à instruire les procès et garder les justiciables sous main de justice. Ceux qui relèvent du domaine politique servent à renforcer l'autorité d'un dirigeant dans le cadre de la concurrence pour le pouvoir ou de la lutte contre les contestataires. Ceux qui concernent l'administration de la cité servent à mettre à l'écart de la collectivité (généralement urbaine), sans procès, par simple mesure de police et d'ordre public, des individus considérés comme potentiellement dangereux ou hors normes. Ceux qui appartiennent au domaine familial permettent de tenir à l'écart ou conduire à s'amender les personnes dont les comportements gênent les puissants de la famille.

Les humanistes ont-ils inventé la prison ?

En stipulant que « nul homme ne peut être accusé, arrêté, détenu, que dans les cas déterminés par la loi » l'article VII de la Déclaration des Droits de l'Homme d'août 1789 met fin à l'arbitraire ; les châtiments les plus cruels sont peu à peu supprimés ; tout cela prépare le développement de la prison légale.

Cependant, face aux projets d'enfermement pénitentiaire qu'appelait l'évolution politique et sociale, les réformateurs du XVIIIe siècle n'étaient pas sans réserves. Ils objectaient deux inconvénients majeurs de tous les enfermements : les effets de « contagion » produits par les rencontres en prison, et la dureté des conditions de vie en détention. Plus que la prison, ils préconisaient le travail, en particulier le travail au grand air ; « la prison moderne doit, en partie, son origine à l'idée de travail (forcé) [...] qu'elle érige en système avec l'idée de travail réformateur » [Laplante, 1989]. Ajoutons que la plupart des projets de réforme insistaient sur la nécessité du caractère public des peines, dans un double souci de transparence et de dissuasion.

Pourtant, on rattache, aujourd'hui encore, la prison aux projets humanistes, qui constituent, peut-on dire, un *mythe d'origine*, un *mythe fondateur*. C'est qu'on a estimé avoir répondu aux critiques élevées dans les rangs des humanistes. On a pensé remédier au risque de la contagion du crime par l'encellulement individuel. Quant aux critiques concernant l'insalubrité et l'inconfort des prisons, elles ont suscité deux types de réponses. D'une part, on s'est efforcé d'améliorer les conditions de vie en détention par la modernisation des prisons et par l'institution d'instances de contrôle. D'autre part, on a intégré la pénibilité de l'enfermement et l'inconfort des détentions dans un objectif quasi thérapeutique, dans le droit fil d'une logique inspirée de la pénitence et de la rédemption chrétiennes : souffrir pour racheter ses fautes. Ainsi la prison devenait un dispositif qui traite le mal par le mal, et du méchant fait un homme de bien. On aurait trouvé, avec l'enfermement pénitentiaire, un dispositif permettant à l'individu coupable de s'améliorer pour ensuite retrouver sa place dans la société. Ce dispositif appliqué en vertu d'un droit pénal réformé, présentant des lois égales pour tous, devait contribuer à façonner une humanité meilleure, quand elle était jusque-là maintenue dans une situation de chaos par un Ancien Régime à la fois arbitraire et barbare en matière pénale.

La réactivation régulière de ce *mythe fondateur* a pour effet (et pour objet peut-être ?) de masquer l'essentiel : l'enfermement est un dispositif pratique, assez bon marché, assez discret, et son habillage pénal a permis de croire qu'on avait opéré une réforme en profondeur, qui était envisageable et envisagée, mais que les autorités politiques ont laissée de côté, donnant priorité à d'autres postes, et cela aussi bien pendant la Terreur qu'à l'époque napoléonienne ou ensuite sous la Restauration et le Second Empire.

Au-delà de la suppression des traitements les plus cruels, qui d'ailleurs n'ont pas disparu du jour au lendemain, certains ayant même été rétablis dès l'avènement de Napoléon Ier (le poing coupé par exemple), d'autres n'ayant disparu, en France, qu'au XXe siècle (comme les travaux forcés ou la peine de mort), que peut-on dire de ces bouleversements ?

Bouleversements réels ou de façade ?

Certains des enfermements pratiqués parfois depuis l'Antiquité ont été supprimés : ceux qui, liés à l'arbitraire royal, aux lettres de cachet, avaient le plus directement touché les penseurs, les précurseurs et les acteurs de premier plan des bouleversements politiques. Mais les nouveaux dispositifs ont surtout légalisé nombre des enfermements en vigueur depuis longtemps. Aujourd'hui encore, de fortes proportions de

Qu'advient-il des prisons « modèles » ?

Dans la plupart des régions du monde, les prisons ont toujours été les parents pauvres de la société. Ce ne sont pas des priorités politiques, et les budgets qui leur sont alloués sont souvent très limités ; on leur demande même parfois d'assumer les frais de leur propre fonctionnement (par exemple en faisant travailler les détenus). Il ne faudrait pas croire pour autant que des crédits plus importants règlent tous les problèmes et permettent à la prison de fonctionner comme le rêvaient ses promoteurs des siècles passés. Parfois, les fonds n'ont pas manqué pour la mise en place d'une prison « modèle » au service du mythe rédempteur. Le cas le plus exemplaire est sans doute celui de la prison de Genève, au XIXe siècle. Robert Roth [1981] a montré comment cette prison « modèle », qui n'a pas manqué de financements, s'est assez rapidement transformée en une prison ordinaire surpeuplée, qui a contribué, comme les autres, à renforcer la désocialisation d'individus déjà marginalisés, ou à favoriser leur insertion dans les milieux où les pratiques illégales sont courantes.

L'échec, à long terme, des tentatives de prisons « modèles » semble indiquer que, même avec des moyens financiers importants, le dispositif carcéral, en lui-même, n'a pas la possibilité de changer radicalement ses logiques de fonctionnement tant que l'ensemble du système pénal, dont il n'est qu'une partie, reste inchangé et notamment tant que les prisons auront l'obligation d'accueillir toutes les personnes qui leur sont envoyées, quel que soit leur nombre.

pauvres; de fous, de malades, d'étrangers sont dans les prisons. Sans doute n'y sont-ils plus directement en tant que tels, mais qu'ils y soient fait réfléchir sur les effets de l'ensemble du dispositif pénal qui s'est mis en place. Ainsi, les changements opérés à la fin du XVIIIe siècle, à l'origine du développement spectaculaire de la *peine* de prison, n'ont pas permis l'avènement d'un traitement social du crime propre à améliorer l'individu condamné et à dissuader les autres. Au contraire, ces changements ont surtout consisté à rajouter une modalité d'enfermement à celles qui préexistaient et qui, pour la plupart, ont continué d'exister sous une nouvelle forme, une forme légale. Qu'il s'agisse de la peine qui remplace les supplices ou de l'enfermement non pénitentiaire mais légalisé (l'enfermement dit « provisoire » avant jugement par exemple), ce sont certes des pratiques mieux contrôlées et plus humaines que les traitements d'autrefois, mais les logiques d'enfermement n'ont pas radicalement changé pour autant : la prise de la Bastille, célébrée chaque année pour sa valeur symbolique, ne témoigne que de la fin des enfermements arbitraires d'initiative royale, peu nombreux au regard de tous les autres. Cette continuité apparaît dans l'expression *peines obscures*, employée par Louis XVI pour désigner les cachots souterrains du Grand Châtelet, sous l'Ancien Régime, et reprise par Jacques-Guy Petit [1990] pour désigner la prison pénale tout au long du XIXe siècle.

Claude Faugeron et Jean-Michel Le Boulaire [1992] ont montré comment, dans les débats, cette image mythique de la prison revient de façon récurrente, dans des discours toujours bien argumentés et sous un vocabulaire souvent à peine renouvelé. Le lien, qu'on croit souvent très étroit, entre l'instrument (l'enfermement) et une condamnation judiciaire est plus distendu qu'il ne paraît. D'une part, on trouve, aujourd'hui encore, dans tous les pays démocratiques, un nombre important de raisons d'enfermer les individus en dehors d'une condamnation : les personnes interpellées par les forces de l'ordre dans des locaux de *garde à vue*, les étrangers dans des *centres de rétention*, et même en prison, au titre de la *détention provisoire*. D'un autre côté, la plupart des condamnations prononcées par les tribunaux sont des peines d'amende, non de prison. La prison n'est donc pas, loin s'en faut, la principale peine infligée par la justice ; et l'enfermement, y compris en prison, se passe facilement, et légalement, de condamnation judiciaire.

La précipitation des bouleversements économiques, industriels et politiques a agi comme un ciment rapide unissant des logiques différentes et souvent contradictoires. Les réflexions humanistes sur le remplacement des supplices par des peines moins cruelles ou sur un enfermement propice à l'amendement ont été menées à une époque où la peur du développement de la criminalité était faible ; située avant « la crainte des classes dangereuses, [cette époque] apparaît comme un moment privilégié où existait un véritable souci pour le condamné » [Digneffe, 1995]. Lorsque l'industrialisation a commencé à dépeupler les campagnes où le contrôle social était fort, pour peupler les villes anonymes de masses « laborieuses », il a fallu un instrument d'encadrement de ces populations qui apparaissaient comme « dangereuses » aux dirigeants. En même temps que les théories humanistes préparaient les bouleversements politiques, les nouvelles élites qui prônaient la démocratie ont trouvé à leur disposition la peine de prison pour régler, d'une façon qui pouvait sembler humaine ou à tout le moins

Prison et travail forcé

Différents chercheurs ont souligné l'importance du travail forcé pour aider à comprendre l'émergence et le développement de l'enfermement pénal : Roth [1981], Ignatieff [1984], Petit [1984], Carlier [1994]. Le cas de la Pennsylvanie mérite d'être détaillé. Danielle Laberge [1983] a montré comment, au cours du XVIIIe siècle, les châtiments corporels y ont été dans un premier temps remplacés souvent par des peines de travaux forcés. Cette mutation s'était opérée par judiciarisation d'une pratique de « mise en servitude » assez répandue dans les colonies anglaises encore faiblement peuplées d'Amérique du Nord : servitude temporaire librement consentie parfois pour régler des dettes (en particulier pour payer la traversée vers le nouveau monde), servitude contrainte d'autres fois par mesure de police, pour faits de vagabondage par exemple. Lorsque cette mise en servitude temporaire s'est institutionnalisée sous la forme de peines de travaux forcés, il a fallu construire des bâtiments pour garder les forçats. La constitution de 1776 avait introduit certains éléments du code quaker de 1692, notamment ce passage : « Des édifices devraient être prévus pour punir aux travaux forcés ceux qui seront reconnus coupables [...]. » L'impératif d'autosuffisance du fonctionnement de ces « édifices » assigné par une société encore peu policée (l'État était très récemment constitué) et les demandes combinées de sociétés philanthropiques (qui dénonçaient la visibilité publique des forçats sur les routes) et d'entrepreneurs susceptibles de bénéficier de cette main-d'œuvre ont incité les autorités à faire effectuer le travail à l'intérieur des bâtiments d'enfermement. La prison de Walnut Street fonctionna ainsi pendant quelques années puis servit d'exemple à d'autres constructions nouvelles, en Pennsylvanie et dans d'autres États. Mais l'accroissement de la population enfermée et les difficultés pratiques à donner du travail à tous les condamnés ont rendu de plus en plus difficile l'exécution de la peine de travaux forcés pour tous, et l'enfermement, qui devenait de plus en plus sévère, est devenu une peine à part entière.

juridiquement acceptable, les nouveaux risques sociaux engendrés par les bouleversements économiques.

2. Les logiques sociales de la prison

Les logiques d'enfermement

Dans le chapitre précédent, nous avons distingué quatre domaines d'application de l'enfermement ; parmi les logiques qui le mettent en œuvre, on peut, en s'inspirant des travaux de Claude Faugeron [1996], distinguer trois modèles :

l'enfermement de *neutralisation*, l'enfermement de *différenciation sociale*, l'enfermement d'*autorité*.

1. L'enfermement de neutralisation vise à tenir à l'écart des individus considérés comme susceptibles de nuire à la société.

2. L'enfermement de différenciation sociale vise à procurer aux reclus une formation ou une compétence propre à leur assurer une meilleure place dans la société. Efficace quand il concerne les futurs dirigeants dans les centres de formation pour élites, son bienfait est plus incertain pour les couches défavorisées. S'il procure abri et subsistance, travail parfois, aux plus indigents, il contribue à les maintenir dans une condition dominée.

3. L'enfermement d'autorité se situe dans une relation de pouvoir. Il ne s'agit pas de faire cesser un trouble grave pour l'ordre public, mais simplement d'affirmer la relation d'autorité.

Ces trois modèles coexistent et beaucoup d'enfermements procèdent d'une combinaison de leurs logiques. Suivant les motifs et modalités cependant, l'une ou l'autre peut être prédominante, comme on le voit dans les exemples suivants.

Pour les crimes considérés comme les plus atroces, la logique de neutralisation est clairement avancée, en particulier dans les pays, comme la France, où la peine de mort a été abolie et remplacée par des peines à durée incompressible, dites peines de « sûreté ». L'objectif affiché est ainsi de maintenir l'individu à l'écart de la société.

Ce que Claude Faugeron dénomme *différenciation (ou distinction) sociale* concerne la majorité de la population carcérale, qu'on envisage d'alphabétiser, d'éduquer, de former, en vue d'une intégration ultérieure... projet décalé par rapport à la réalité : l'enfermement maintient, voire renforce, l'état de désocialisation de la plupart des détenus. Il existe cependant un milieu où la prison fonctionne de façon efficace comme instrument de distinction sociale, celui de la délinquance affirmée, où l'on peut dire : « Il a connu la prison, c'est un homme. »

L'autorité du magistrat sur le justiciable s'affirme enfin, bien sûr, dans le cadre de la détention avant jugement ; mais ne peut-on dire qu'on la retrouve dans l'enfermement des étrangers en situation irrégulière ? Il ne s'agit nullement de les neutraliser, encore moins de les éduquer, puisqu'on n'envisage pas leur réinsertion dans notre société ; il s'agit seulement de leur faire voir qui est le maître : « Vous vous obstinez à rester ? Allez donc faire un tour en prison avant d'être expulsé ! »

Les justifications des sanctions

Depuis deux siècles, l'enfermement est légitimé et justifié par la sanction pénale. Remontons en amont de cette logique pour nous demander ce qui peut justifier les *sanctions*, toutes les sanctions ; nous y verrons le positionnement particulier de la prison. En suivant les analyses d'Alvaro Pirès [1998], on distingue quatre modes de justification des sanctions : l'expiation, la dissuasion, la neutralisation, la réadaptation.

L'expiation est une justification des sanctions tournée vers le passé, vers l'acte commis. C'est la plus ancienne, elle remonte aux conceptions religieuses du châtiment divin ; Kant l'a adaptée au raisonnement laïque à travers le terme de « rétribution » qui apparaît dans ses *Leçons sur l'éthique*. Les criminologues parlent de « rétributivisme ». Il s'agit de faire souffrir la personne condamnée à la hauteur de la gravité de l'acte commis. On traite le mal par le mal. La douleur subie par le condamné lors du châtiment est censée compenser, effacer le trouble qu'il a causé, voire la douleur que ses actes ont provoquée. Comme dit Durkheim [1963, 1992, p. 138] : « Ce serait la douleur infligée au coupable qui réparerait le mal dont il a été la cause ; elle le répare parce qu'il expie. La peine serait essentiellement une expiation. » La prison, avec ses possibilités de modulation, est un instrument particulièrement bien adapté à cette logique qui permet de justifier également les châtiments corporels. L'amende peut l'être également, à condition d'être fixée en proportion des revenus du condamné (ce qui demeure assez rare, mais se développe dans certains pays, comme l'Allemagne).

Les théories rétributivistes reposent sur le libre arbitre des individus : les criminels doivent être punis parce qu'ils ont eu le moyen de choisir, et leur choix les a conduits à faire le mal.

La dissuasion, à l'inverse du rétributivisme, est une logique tournée vers l'avenir (comme d'ailleurs neutralisation et réadaptation), et on la dit aussi *utilitariste*. C'est à Cesare Bonesana, marquis de Beccaria, qu'on en doit la théorisation [1764]. Dans cette logique de justification, le rôle de la punition, nous dit Durkheim [1963, 1992, p. 135], « serait

Une théorie néo-rétributiviste dite « modérée »

S'inscrit aujourd'hui dans cette logique une théorie néo-rétributiviste dite « modérée » qui invite à limiter l'amplitude des fourchettes de peines pour une même infraction. Dans un objectif de simplicité à vocation dissuasive, pour que chacun sache avec précision ce qu'il encourt en commettant tel ou tel acte, cette théorie propose qu'à telle infraction corresponde telle sanction... sans prise en compte ultérieure d'éventuelles circonstances *atténuantes* ou *aggravantes*. On l'appelle aussi la théorie du *juste dû* (en anglais *just desert*). Apparue aux États-Unis au cours des années soixante-dix, elle a pour principal promoteur Andrew Von Hirsch [1976] qui insiste sur la « modération » de ce qu'il propose, à tel point qu'il voudrait que sa théorie ne soit pas regroupée avec celle des tenants d'un rétributivisme pur, et qu'il exclut la peine de mort.

Barbara Hudson [1987] a montré que, loin de produire les effets modérateurs attendus, les pratiques tirées de ces théories entraîneraient un allongement important des durées d'enfermement et surtout qu'elles tendraient à renforcer la ségrégation sociale — puisque ces théories refusent les circonstances atténuantes qui parfois modèrent les peines pour les plus démunis, qui sont aussi les plus nombreux !

essentiellement préventif, et cette action préventive serait due tout entière à l'intimidation qui résulte de la menace du châtiment ». Dans cette optique compte avant tout la visibilité de la peine, pour marquer les esprits ; il convient de trouver une sanction symboliquement comparable à l'acte commis (la prison serait-elle adaptée aux seuls crimes de séquestration ?). La théorie de la dissuasion est fondée sur la capacité de raisonnement des individus, qui, au vu des sanctions appliquées, feraient en sorte de s'abstenir de transgresser la loi.

Les théories de la rétribution et de la dissuasion, élaborées avant que la prison ne devienne l'instrument de châtiment privilégié, peuvent être considérées comme des justifications *classiques* des peines.

Plus récentes, deux autres logiques de justification des châtiments se sont développées à partir du début du XIXe siècle, quand la peine de prison était en train de s'imposer.

Avec la neutralisation, il ne s'agit pas d'empêcher tout un chacun de commettre des infractions, comme dans le cas précédent, mais d'empêcher le coupable d'en commettre de nouvelles. La neutralisation la plus efficace est sans conteste la peine de mort (qui, dans ce cadre, n'a pas besoin d'être

La doctrine de la « sévérité maximale »

On trouve, en marge des justifications classiques, les doctrines de sévérité maximale. Partant du constat que de nombreux crimes sont difficiles à déceler, les promoteurs de cette doctrine veulent compenser la faible probabilité d'être pris par une sévérité accrue. Selon cette logique, il faudrait aujourd'hui des châtiments très sévères pour la délinquance financière par exemple. La modération des peines, reposant sur l'idée que la sanction la plus sévère ne peut égaler la souffrance des victimes d'un acte barbare, leur semble inacceptable dans la mesure où il ne leur paraît pas juste de punir un crime atroce d'une peine qui sanctionnerait aussi un crime moins grave.

Certains seraient même favorables à la réintroduction des supplices corporels, tant dans un souci de justice équitable que dans une optique de dissuasion : la peine de mort n'aurait qu'un effet dissuasif limité si l'on s'efforce d'atténuer la souffrance du condamné.

Cette doctrine de « sévérité maximale », pour ancienne qu'elle soit, n'en demeure pas moins vivace dans certaines franges de l'opinion publique, y compris parmi les professionnels du maintien de l'ordre. Elle n'a pas été développée par des théoriciens de la peine, mais se trouve présente dans différents textes et discours politiques, en particulier aux États-Unis, dans les rangs conservateurs.

particulièrement cruelle : pour neutraliser, il suffit d'éliminer). Mais la prison est aussi une mesure susceptible de neutraliser un individu. Si on parvient à l'empêcher de s'évader (et, actuellement, on y parvient assez bien), il ne peut plus, pendant un temps donné, commettre d'infractions à l'extérieur. Reste la possibilité d'en commettre à l'intérieur : sur le matériel ou à l'égard du personnel, de codétenus, et de lui-même. La neutralisation la plus efficace demanderait un enfermement à vie. Mais n'est-ce pas dans cette même optique que sont aussi décidés certains enfermements de courte durée, dans les cas de petite délinquance répétitive ; une forme de neutralisation temporaire : « Au moins, pendant ce temps-là, il se tiendra tranquille ! » ? La théorie de la neutralisation est doublement pessimiste, ou, à tout le moins, doublement méfiante : elle ne fait pas confiance à l'individu, qu'il faut neutraliser, non plus qu'au système juridico-carcéral, qui n'apporterait que l'efficacité de la clôture. C'est la logique de l'enfermement du prisonnier de guerre.

La quatrième logique de justification de la peine porte des noms divers, plus ou moins synonymes : réadaptation, rééducation, amendement, réinsertion... Des trois théories utilitaristes, c'est la seule à exclure l'usage de la peine de mort. Elle voit dans la peine un traitement qui permet au coupable de « réagir », de « s'améliorer » pour ensuite pouvoir être « réinséré » dans la société avec, si possible, moins de risques de commettre de nouveau une infraction. Cette logique, qui trouve dans l'enfermement pénal une peine qui lui correspond bien, est particulièrement sensible à toutes les mesures des taux de récidive, dont la diminution est considérée comme un succès (*cf.* chapitre V-2). Pour une condamnation à un enfermement de courte durée, on pourra dire, avec les Anglo-Saxons, qu'on vise à obtenir *« a short sharp shock »* (une secousse intense et brève). Pour un enfermement plus long, on envisagera un *traitement* du coupable, un peu sur le modèle du traitement médical. On essaiera de lui apprendre à lire s'il est analphabète, un métier s'il n'a qu'une faible formation professionnelle, etc. On dira que l'organisation de la vie en prison, qui impose des horaires et le respect de règles sévères, permet de mieux s'adapter aux exigences de la vie extérieure.

Ces quatre logiques peuvent être récapitulées dans un tableau ci-après.

On constate que l'enfermement est la seule mesure qui permet de répondre aux quatre logiques de justification à la fois.

Logiques et justifications de la peine de prison

Si l'on rapproche maintenant les justifications théoriques des sanctions et les logiques sociales de l'enfermement, on voit converger l'enfermement de différenciation sociale et la logique de réadaptation des condamnés. L'enfermement d'autorité n'est pas acceptable dans un pays démocratique ; d'où les débats récurrents sur la détention avant jugement. L'enfermement de seule neutralisation n'est envisageable que pour quelques crimes atroces, relativement rares, ainsi que dans quelques cas de petite délinquance très répétitive, assez rares également, et pour lesquels l'enfermement ne peut être que de courte durée, compte tenu du type d'infraction. Dans la majorité des cas, seul reste légitime l'enfermement de différenciation sociale, qui vise à l'amélioration des reclus : la privation de liberté des individus dans un pays démocratique ne peut se justifier que si on les rend meilleurs pour la société, c'est ainsi qu'est née la logique pénale de réadaptation des condamnés. Le

		Expiation	*Dissuasion*	*Neutralisation*	*Réadaptation*
Orientation temporelle	Tournée vers le passé	X			
	Tournée vers l'avenir		X	X	X
Orientation cible	Vise le transgresseur	X		X	X
	Vise les transgresseurs potentiels		X		
Point de vue sous-jacent	Pessimiste, méfiance	X		X	
	Optimisme, confiance		X		X
Effet visé	Court terme (pendant la sanction)	X		X	
	Long terme (au-delà de la sanction)		X		X
Efficacité	Réelle	X		X	
	Non prouvée		X		X
Sanction appropriée	Peine de mort	X	X	X	
	Prison ferme	X	X	X	X
	Prison avec sursis	X	X		X
	Amende	X	X		

problème est que la prison ne peut servir de cadre pédagogique que pour des individus à tout le moins coopérants. Certaines questions apparaissent : s'il y a coopération, est-il besoin d'enfermer ? Est-il possible d'envisager une coopération dans le cadre d'une sanction pénible — le seul fait d'attendre une coopération n'implique-t-il pas que celle-ci vise à faire cesser la pénibilité, donc à faire cesser la sanction ?

La prison contemporaine tient sa légitimité de cette quatrième théorie justificatrice des sanctions, née avec le développement de la peine de prison. C'est que, dans un État qui professe son attachement aux libertés individuelles, pour les infractions pénales qui ne sont pas gravissimes, l'enfermement dans le seul objectif de neutralisation n'est acceptable que pour une très courte durée. Dès que la durée s'allonge, il faut, pour maintenir la légitimité de l'enfermement, l'espoir ou la promesse que celui-ci va permettre une amélioration de la situation. Si l'on empêche des hommes de jouir de leur liberté, il faut que ce soit pour leur donner, à leur sortie, de meilleures chances de s'intégrer dans la société libre. Force est de constater que ce résultat n'est qu'exceptionnellement atteint. L'enfermement a davantage tendance à désocialiser qu'à faciliter la réintégration dans la société ; la seule socialisation que peut favoriser l'enfermement s'opère souvent avec des personnes déjà bien intégrées dans un milieu où les pratiques répréhensibles sont courantes. Mais, bien que la plupart des praticiens du monde carcéral fassent ce constat depuis que la prison pour peine existe, on n'en tire le plus souvent que des conséquences limitées, quelques réformes visant à faciliter la réadaptation, mais au terme desquelles celle-ci reste néanmoins l'exception. La solution résiderait-elle dans un changement de point de vue sur ce qu'on peut attendre de la prison et sur la pénibilité de l'enfermement ? Nous y reviendrons en conclusion.

II / La prison et ses occupants

1. Les locaux d'enfermement

Dans la plupart des pays, dans le cadre d'une procédure pénale, une même personne peut être enfermée, successivement, dans trois types de lieux différents. Le premier, dans l'ordre chronologique, est rarement considéré comme une prison, et ne dépend pas de la même administration : c'est la cellule de commissariat, de gendarmerie, celle du bureau du shérif... où la personne est conduite juste après son arrestation.

Cellules de garde à vue

Malgré les différences d'autorités de tutelle et de législation, les gardes à vue procèdent d'une logique semblable à celle des prisons : privation de liberté imposée dans le cadre d'une procédure judiciaire.

Dans certains pays, la durée de la garde à vue peut dépasser une semaine, dans d'autres, elle est au contraire très strictement limitée. Dans la mesure où ces enfermements sont de durée variable selon les pays, et où ils ne sont pas comptabilisés avec ceux des prisons, les comparaisons internationales sont difficiles. Certaines instances supranationales tentent de limiter les abus et d'harmoniser tant soit peu les pratiques. En 1988, la Cour européenne des droits de l'homme (CEDH) a condamné le Royaume-Uni pour des faits qui avaient notamment entraîné une garde à vue d'une durée de « six jours et seize heures et demie ».

La garde à vue est la période où se concentrent les interrogatoires. Suivant les législations et les affaires, les forces de l'ordre essaient de faire avouer les infractions commises, désigner d'éventuels complices, indiquer des éléments de preuve. De ce fait, c'est aussi la période sur laquelle se concentrent le plus de plaintes pour violences commises à l'encontre des personnes enfermées, plaintes parfois suivies de condamnations par les instances de contrôle. C'est ainsi qu'en 1999 la France a été condamnée par la CEDH pour des faits (datant de 1991) désignés comme « torture ».

Il existe un organisme européen de contrôle, le *Comité européen pour la prévention de la torture et des traitements inhumains et dégradants*, qui opère en vertu de la *Convention européenne pour la prévention de la torture et des traitements inhumains et dégradants* et effectue ses contrôles dans tous les locaux publics où sont susceptibles d'être enfermés des individus. Le fait qu'il assimile les locaux de garde à vue à des locaux d'enfermement confirme, si besoin était, que l'analyse des pratiques d'enfermement ne saurait passer sous silence les enfermements qui ne sont pas, à strictement parler, pénitentiaires.

Il y a environ cinq mille locaux de garde à vue en France. En 1999, 426 000 placements en garde à vue ont été opérés — ne sont pas comptés les cas des personnes retenues dans les locaux de police parce qu'elles ne présentent pas de papiers lors d'un contrôle d'identité : on parle dans ce cas de « rétention » pour vérification d'identité, cela peut durer 4 heures. La garde à vue, quant à elle, peut durer, en France, en l'an 2001, jusqu'à 96 heures pour des procédures concernant certaines infractions avec circonstances aggravantes, notamment proxénétisme, terrorisme et trafic de drogue.

Les « maisons centrales »

À l'autre extrémité de la chaîne pénale se trouve la prison à laquelle se réfèrent le plus souvent la littérature et la réflexion philosophique, elle est appelée en France la *maison centrale*, on y enferme, pour des durées très longues, les personnes condamnées pour des faits considérés comme les plus graves. Ces établissements disposent d'un régime intérieur orienté avant tout vers la sécurité (éviter les évasions, limiter les

Quelle forme d'isolement pour les condamnés ?

Depuis que la prison est devenue une peine employée de façon massive, on a beaucoup écrit sur les modalités d'enfermement. Les querelles ont été vives au cours du XIXe siècle entre les tenants du système dit *philadelphien* (en référence à plusieurs prisons construites en Pennsylvanie) et ceux du système dit *auburnien* (en référence à une prison de New York) : entre ceux qui préconisent un isolement total (le détenu est conduit les yeux bandés dans sa cellule, où il dort, mange et travaille seul), comme c'était le cas dans le système philadelphien, et ceux qui soutiennent, au contraire, que l'isolement ne doit être que nocturne, alors que, dans la journée, les détenus doivent travailler (en silence) dans des salles communes. En fait, il existait déjà en Europe des interrogations et des controverses sur les différentes modalités d'enfermement : on en trouve trace dès 1703, lors de la mise en place de la prison Saint-Michel à Rome sous l'égide du pape Clément XI, et, pendant la seconde moitié du XIXe siècle, en Belgique, à l'initiative d'Edmond Ducpétiaux [1865]. Mais l'histoire pénitentiaire, à la suite de Beaumont et Tocqueville, a cristallisé les controverses autour des dénominations américaines.

Aujourd'hui, plus personne ne préconise l'isolement total, dispositif dont on a prouvé qu'il conduisait de nombreux détenus à la folie, et qui se révèle, par ailleurs, fort coûteux.

Il est pourtant en partie appliqué à travers le régime dit de l'*isolement.* Moins connu que le quartier disciplinaire (le « mitard »), l'enfermement au quartier d'isolement n'en est pas moins traumatisant pour ceux qui le vivent, d'autant plus qu'il peut durer beaucoup plus longtemps. Ce serait, ou c'est, d'après le Code de procédure pénale français, un enfermement ordinaire — il peut d'ailleurs être demandé par le détenu lui-même. Et pourtant le même Code prévoit l'obligation de deux visites médicales par semaine pour le détenu placé en quartier d'isolement... Aveu du législateur que ce n'est tout de même pas une condition de détention « ordinaire ». Le médecin en milieu carcéral en connaît bien les particularités, on peut lire à ce sujet les travaux du Dr Dominique Faucher [1997], et, pour l'analyse du cadre juridique, ceux de Pierrette Poncela [1997].

Les trois types de détenus qui sont les plus susceptibles d'être placés en isolement sont les suivants :

— les détenus qu'il faut protéger d'éventuelles agressions des codétenus : auteurs d'infractions volontiers considérées comme ignobles (en particulier les meurtres d'enfants), fonctionnaires chargés du maintien de l'ordre ;

— les détenus susceptibles d'entraîner les autres dans des actions violentes ou de contestation du régime pénitentiaire (souvent anciens évadés ou auteurs d'actes de terrorisme) ;

— les détenus présentant d'importants troubles du comportement, rendant difficile ou dangereux leur maintien en détention ordinaire.

risques d'émeutes). Dans ces établissements, les détenus sont en général seuls dans une cellule et, dans la mesure du possible, l'administration s'efforce de leur proposer du travail, s'ils le souhaitent, ce qui leur permet d'introduire quelques éléments de confort dans une situation d'autant plus pénible que les durées d'enfermement sont de plus en plus longues.

Les autres établissements pénitentiaires

Entre ces deux extrémités (les locaux de garde à vue et ceux où l'on retient les condamnés à de longues peines) se trouvent différents types d'établissements où sont enfermées des personnes aux situations diverses. Les plus connus sont les locaux prévus pour les *prévenus* avant leur procès. Ce sont les prisons les plus nombreuses, celles où est enfermé le plus grand nombre de détenus. Elles sont souvent rattachées à une circonscription locale assez réduite ; on parle aux États-Unis de *county jails* ; on parlait, en France, de *prisons départementales* ; la dénomination française actuelle est *maisons d'arrêt* — le lien avec une circonscription locale demeure dans la mesure où chaque maison d'arrêt correspond au ressort d'un nombre limité de tribunaux.

Dépendant de l'administration pénitentiaire, les maisons d'arrêt ne sont pourtant pas des établissements *pour peine* ; la grande majorité des détenus y sont en fait placés comme dans une salle d'attente, avant d'être jugés. Le verdict, lors du procès, déclarera peut-être coupable la personne mise en examen. Si tel est le cas, le temps passé dans la salle d'attente sera automatiquement transformé, de façon rétroactive — comme par la magie de la décision judiciaire — en temps de peine ; ce qui revient, de fait, à reconnaître la pénibilité du séjour en salle d'attente.

Les maisons d'arrêt n'abritent pas uniquement des personnes en attente de leur procès. Y restent également les détenus qui ont intenté une procédure d'appel, ainsi que ceux dont le *reliquat de peine* (durée d'incarcération restante au moment de la condamnation définitive) est faible. En règle générale, si, au moment de la condamnation définitive, le reliquat de peine est inférieur à un an, le détenu reste en maison d'arrêt. Au 1er janvier 2000, 34 501 personnes étaient enfermées en maison d'arrêt, ce qui représentait plus des deux tiers des détenus de France métropolitaine.

En dehors des centres de semi-liberté, où les détenus ne sont généralement enfermés que la nuit et le week-end, alors qu'ils travaillent à l'extérieur la journée, il existe en France, outre les

Paradoxes des maisons d'arrêt

Après la garde à vue, la personne arrêtée peut être « déferrée » quelques heures plus tard devant un magistrat qui peut délivrer un « mandat de dépôt », ce qui signifie que la personne doit être placée en « détention provisoire ».

On comprend donc que la surpopulation des maisons d'arrêt est difficile à maîtriser... Quand les trois lits de toutes les cellules d'une maison d'arrêt sont tous occupés et qu'arrive un nouveau détenu, on place un matelas à même le sol. Cette cohabitation forcée est d'autant plus contraignante que, dans une maison d'arrêt, les détenus passent souvent l'essentiel de leur journée en cellule (parfois 22 heures sur 24). Il est en effet particulièrement difficile d'organiser des activités (travail, formation professionnelle...) pour des détenus dont on ignore la durée d'enfermement. À l'inverse, dans les établissements pour peine, ne sont envoyés que des détenus dont on connaît la condamnation. Il est donc plus facile de leur proposer des occupations.

Ainsi les détenus qui sont, selon la loi, « présumés innocents » se trouvent, à bien des égards, moins bien traités que ceux qui ont été déclarés coupables : on leur propose beaucoup moins d'activités et, surtout, ils sont contraints de vivre en très forte promiscuité. La pratique juridico-pénitentiaire se révèle en complète opposition avec la morale (elle voudrait que le présumé innocent ne soit pas moins bien traité que le coupable) et avec la sécurité publique (elle voudrait qu'il soit au maximum isolé des repris de justice).

Le paradoxe est d'autant plus notable que la séparation entre maisons d'arrêt et établissements pour peine est destinée à éviter les rencontres entre « présumés innocents » et « vrais délinquants ». Or, en pratique, ces maisons d'arrêt, qui sont les seuls établissements de l'administration pénitentiaire à recevoir des innocents (en 1999, en France, deux mille personnes incarcérées ont été déclarées non coupables par la justice) sont ceux où la promiscuité est la plus forte. Pourquoi et comment cette situation paradoxale perdure-t-elle ? Parce que la majorité des détenus des maisons d'arrêt sont en attente de leur procès, et qu'ils acceptent des conditions d'enfermement souvent intolérables [Vasseur, 2000] dans l'espoir que leur soumission facilitera une libération rapide, éventuellement même avant le procès. Tous les spécialistes de la prison savent bien qu'un établissement pour peine qui offrirait aux détenus les conditions d'enfermement des maisons d'arrêt serait mis à sac en moins d'une semaine.

maisons centrales, un autre type d'établissement pour peine : les centres de détention, destinés à recevoir surtout des personnes condamnées à des peines relativement courtes, ou qui, en fin de peine, bénéficient normalement d'un régime plus souple. Parfois, les détenus peuvent librement circuler d'une cellule à l'autre dans la journée. Dans la mesure du possible, on met à leur disposition différentes activités destinées à préparer leur sortie de prison.

Prison à domicile ? Effets attendus, effets probables

Le bracelet électronique est l'un des plus récents dispositifs destinés à lutter contre la surpopulation carcérale. Après plusieurs pays occidentaux, il a été introduit en France à la suite d'un rapport du sénateur Guy-Pierre Cabanel [1996], sous le nom officiel de *placement sous surveillance électronique* (PSE).

Un émetteur placé au poignet ou à la cheville, relié par radio à un récepteur, signale par téléphone aux autorités chargées du contrôle la présence ou l'absence de la personne placée sous main de justice dans un certain périmètre autour du récepteur. Ce dispositif peut concerner des personnes non encore jugées ou en fin de peine ; il est même envisagé, dans certains pays, comme peine principale (pour s'assurer de la présence de hooligans à leur domicile les jours de match par exemple). Les effets attendus sont une réduction des emprisonnements. Des sociologues ont montré qu'il arrive que les dispositifs dits « alternatifs » s'ajoutent à la prison plus qu'ils ne s'y substituent parce qu'ils sont employés dans des cas pour lesquels, auparavant, un simple contrôle judiciaire ou une peine avec sursis auraient été prononcés. Sans doute ne faut-il pas préjuger de ce qu'il en adviendra, mais les effets les plus probables pourraient être une accentuation du clivage social. Ce dispositif ne peut concerner qu'une personne disposant d'un domicile fixe et d'un téléphone. Les plus pauvres et les plus marginalisés en sont donc exclus (sauf dans certains cas relativement rares), et leur proportion parmi les détenus risque de croître encore davantage. Cabanel rétorque [1996, p. 110] que d'autres peines excluent également les plus pauvres, et cite la suspension de permis de conduire. Mais cette peine sanctionne en général des infractions liées à l'usage du véhicule, alors que le PSE devrait concerner tous les types d'infractions. Son renforcement de la ségrégation sociale risque de n'en être que plus manifeste.

Pour d'autres précisions sur l'analyse des PSE, on peut se référer aux travaux de Pierre Landreville [1999] et Dan Kaminski [1999].

D'autres lieux d'enfermement

D'autres lieux d'enfermement que les cellules de garde à vue ressemblent à des prisons sans que les personnes qui y sont enfermées fassent partie des *détenus*.

Les centres de rétention des étrangers peuvent être administratifs ou judiciaires. Bien que ces derniers, institués par la loi du 30 décembre 1993, ne fassent pas partie des établissements pénitentiaires, on a pu considérer qu'ils servaient de substitut à la prison [Perrin-Martin, 1996]. En 1995, dans les cas d'infraction à la législation concernant les étrangers (pouvant entraîner jusqu'à trois ans de prison), si le magistrat « ajournait » la peine, il n'y avait pas de « condamnation », donc pas de prison, mais une « ordonnance » envoyant l'étranger en centre de rétention. Sous la différence de vocabulaire, et la distinction juridique, demeure l'enfermement : trois mois, renouvelables, pendant lesquels le retenu était « sommé de collaborer » [Perrin-Martin, 1996 : 59]. La réglementation concernant les étrangers évolue au gré des changements de gouvernement, mais la réalité demeure d'un mode de réclusion qui sans être pénitentiaire n'en est pas moins carcéral.

Différents locaux de contention ont un lien plus réduit avec la justice pénale. C'est le cas des cellules d'arrêts de rigueur des casernes militaires et des établissements psychiatriques. La diminution des enfermements psychiatriques, depuis le début des années soixante, a été accompagnée d'une diminution des expertises médicales concluant à une limitation de la responsabilité des auteurs présumés d'infractions pénales… et tout porte à penser que de nombreuses personnes aujourd'hui incarcérées auraient été auparavant enfermées en hôpital psychiatrique. En tout état de cause, le nombre des détenus souffrant de troubles psychiatriques est en forte augmentation — et cela rend particulièrement difficile le travail des fonctionnaires pénitentiaires, des médecins pénitentiaires… et la vie de l'ensemble des personnes qui sont amenées à les côtoyer, à commencer par leurs codétenus.

2. Ceux qui sont enfermés

Évolution du nombre de détenus

Quand on veut établir des statistiques sur de longues périodes, on se heurte au problème de la cohérence des données. En France, les premiers comptages dont on dispose remontent à l'année 1831 : 34 420 détenus dans les maisons centrales et prisons départementales de métropole. On notera que les frontières ont varié, et que certaines prisons ont donc fait partie du territoire métropolitain à certaines époques et pas à d'autres. Marie-Danièle Barré [1986] a construit des tableaux d'évolution de la population carcérale en France métropolitaine concernant les personnes détenues dans les établissements pour peine, dans les prisons départementales et ensuite dans les maisons d'arrêt. Se limitant au strict enfermement, elle a exclu de

Qu'appelait-on les maisons de correction ?

Les changements de régime politique sont propices aux grandes réformes. En France, c'est sous la monarchie bourgeoise du « roi-citoyen » Louis-Philippe que les philanthropes ont obtenu que les mineurs, qu'on entendait rééduquer ou corriger, soient séparés des adultes souvent déjà bien rodés aux pratiques illégales. Cette évolution fut entérinée, au lendemain de la révolution de 1848, par la loi du 5 août 1850, qui allait rester en vigueur, à peine modifiée, jusqu'en 1945.

Trois types d'établissements pouvaient recevoir des mineurs ou jeunes adultes : les maisons d'arrêt départementales, les colonies pénitentiaires, les colonies correctionnelles (pour les insoumis des colonies pénitentiaires et les auteurs d'infractions considérées comme graves).

Entre 1791 et 1906, la majorité pénale était fixée à 16 ans ; après 1906, elle est passée à 18 ans. Dans certains cas (correction paternelle notamment), on enfermait dans les maisons de correction des personnes qui pouvaient avoir jusqu'à 21 ans. Les caractéristiques des jeunes qu'on enfermait ont varié suivant les époques, c'était principalement les mineurs en « détention préventive », les mineurs acquittés au titre de l'article 66 du Code pénal (qui prévoyait le cas d'actes commis « sans discernement »), les mineurs de moins de 21 ans en « correction paternelle », les « pupilles vicieux de l'assistance publique », les « mineurs vagabonds de 13 à 16 ans », etc. Une loi du 22 juillet 1912 stipule qu'à compter de cette date les enfants de moins de 13 ans (qui jusque-là pouvaient être envoyés en maison de correction) doivent être confiés à des « internats appropriés ».

Après la réforme de 1945, les établissements spécifiquement affectés aux jeunes à « éduquer » n'ont plus été placés sous l'autorité de l'administration pénitentiaire mais sous celle de la toute nouvelle Direction de l'éducation surveillée, remplacée, ensuite, par la Protection judiciaire de la jeunesse.

Pour des précisions sur les maisons de correction, on peut lire Gaillac [1970], Renouard [1990], Carlier [1994], et pour des détails sur les mineurs en prison OIP [1998].

ces statistiques le cas des personnes envoyées au bagne et condamnées aux travaux forcés. Dans un même souci d'homogénéisation des données en fonction de la situation postérieure à la Seconde Guerre mondiale (quand a été créée au sein du ministère de la Justice la Direction de l'éducation surveillée), elle a également écarté de ces statistiques les mineurs enfermés, entre 1830 et 1945, sous le régime de l'éducation correctionnelle.

Le graphique suivant, établi à partir de données de Marie-Danièle Barré et complété par les chiffres de l'administration pénitentiaire pour la période récente, présente l'évolution du nombre de personnes majeures détenues au 1er janvier de chaque année, en France métropolitaine, entre 1831 et 2000, dans les maisons d'arrêt et établissements pour peine.

EFFECTIF DE LA POPULATION CARCÉRALE
EN FRANCE (MÉTROPOLE) DE 1831 À 2000

Sources : [Barré, 1986] et Direction de l'administration pénitentiaire (DAP).

On note une tendance à la baisse entre le milieu du XIXe et le milieu du XXe siècle. Entre 1946 et 1965, le nombre important de détenus est principalement imputable aux enfermements pour faits de collaboration, puis de guerre d'Algérie. À partir du milieu des années soixante-dix, la tendance est à la hausse, avec une amorce de baisse après 1996. Précisons qu'il s'agit là de mesures en termes de stock (nombre de détenus un jour donné) qui peuvent masquer des disparités importantes en termes de durée d'enfermement et de flux — ces expressions employées par économistes et démographes peuvent surprendre mais ont le mérite de la clarté ; stocks et flux sont liés selon une formule mathématique simple, en fonction de la durée d'enfermement [Tournier, 1981] : stock = flux × durée de détention.

• *Évolution de la durée de détention.* — Marie-Danièle Barré a reconstitué la durée moyenne de détention sur l'ensemble de la période 1866-1931 : une durée à peu près stable, de quatre mois environ ; cela signifie que la diminution du nombre de détenus en stock, très nette sur cette période, est directement liée à une diminution du flux (nombre de personnes envoyées en prison chaque année).

Cette durée moyenne de détention oscillait ensuite entre quatre et cinq mois jusqu'en 1980. Après 1981, on note dans de nombreux pays une tendance à l'allongement de cette durée. En France, en l'an 2000, elle était supérieure à huit mois, ce qui signifie un quasi-doublement en un quart de siècle.

Cette indication moyenne masque un phénomène de *dualisation* : diminution du nombre de détenus pour de courts séjours en prison (avant ou après procès), et augmentation du nombre des enfermements de longue durée. Dans la mesure où l'on peut y voir l'effet de mesures législatives et réglementaires, ce point est développé dans le chapitre III-2 concernant les *politiques pénales*.

Profil sociologique des détenus

Pour chacune des caractéristiques sociologiques des détenus, plusieurs approches quantitatives sont à retenir :

— la quantification en valeur absolue (stock) et la répartition en valeur relative au sein de la population carcérale,

— les mêmes informations en termes de flux (on ne compte plus les détenus mais les entrées en prison),

— la comparaison entre ces répartitions internes à la prison et la population non carcérale (pour déterminer la spécificité de l'enfermement carcéral avec la sur- ou sous-représentation de certains groupes sociaux),

— l'évolution tendancielle de cette sur- ou sous-représentation (par extrapolation à partir de l'évolution passée, et à partir des nouvelles dispositions réglementaires).

• *Le sexe.* — La variable sociologique la plus discriminante en matière de prison est assurément le sexe. Les détenus ont toujours été très majoritairement des hommes. On a commencé en France à les décompter séparément en 1852, la proportion de femmes dans les prisons était alors de 20 % ; elle décroît jusqu'au milieu XXe siècle, pour se stabiliser autour de 4 % ou 5 % (3,7 % au 1er janvier 2000).

Les raisons de la surreprésentation des hommes dans les prisons sont multiples. Plusieurs études ont montré comment, à différents niveaux de la chaîne pénale (arrestation, déferrement, procès, etc.) s'effectue un tri qui tend à retenir de façon préférentielle les hommes. France-Line Mary [1998] a étudié la situation française en 1995 : 14 % des personnes mises en cause par la police étaient des femmes, il n'en restait que 10 % parmi les condamnés, et seulement 4 % parmi les personnes incarcérées.

En amont de la chaîne pénale, d'autres explications de cette sous-représentation des femmes procèdent des législations qui traduisent une différence sociale de tolérance envers les pratiques déviantes des hommes et celles des femmes. Cela a toujours été le cas, mais, au cours de la dernière moitié du XXe siècle, les sanctions ont été aggravées pour des pratiques typiquement masculines comme les agressions sexuelles. À l'inverse, des pratiques majoritairement féminines comme l'établissement de chèques sans provision ou l'avortement ont été dépénalisées.

Schématiquement, en France, on peut distinguer deux groupes de femmes incarcérées : celles qui le sont pour infraction à la législation sur les stupéfiants, celles qui le sont pour crimes de sang (quasi exclusivement dans le cadre de violence intrafamiliale). Dans la mesure où il s'agit d'infractions sévèrement réprimées, la représentation des femmes en termes de stock est supérieure à celle que manifestent les flux (3 %). La tendance est relativement stable et ne laisse pas prévoir de changement. On peut même penser que la loi du 15 juin 2000, qui tend à éviter l'incarcération avant jugement des personnes exerçant « l'autorité parentale sur un enfant de moins de dix ans » (sauf en cas de crime ou de délit commis contre un mineur), réduira encore le nombre de femmes incarcérées.

La sous-représentation des femmes dans les prisons est préjudiciable aux détenues. Il n'existe en effet qu'un seul établissement pénitentiaire en France (sur 187) qui leur soit réservé, à Rennes. Partout ailleurs, elles sont enfermées dans des quartiers ou bâtiments spécifiques à l'intérieur de prisons qui abritent majoritairement des hommes, et l'administration pénitentiaire est tenue de maintenir une barrière étanche entre les détenus

DURÉE MOYENNE DE DÉTENTION (EN MOIS), EN FRANCE (MÉTROPOLE) ENTRE 1969 ET 2000

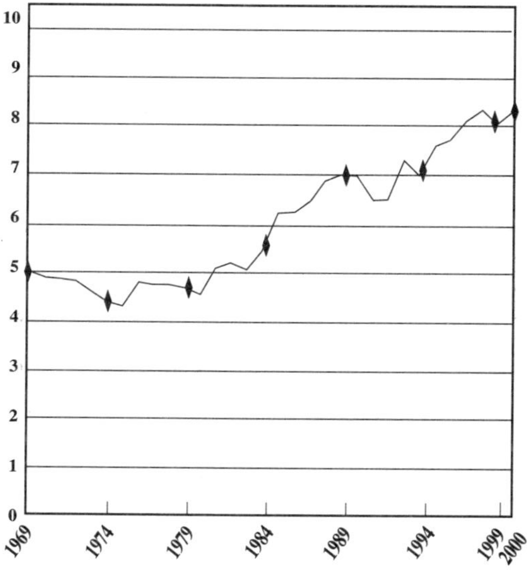

Sources : DAP et Centre de recherches sociologiques sur le droit et les institutions pénales (Cesdip).

de sexe différent ; de ce fait, surtout lorsque l'établissement est petit, les équipements collectifs (bibliothèque, terrain de sport...) ne sont souvent accessibles aux détenues que dans des créneaux horaires très réduits. Pour plus de précisions sur l'enfermement des femmes, on peut lire, en français, les travaux de Colette Parent, Corinne Rostaing, Marie-Andrée Bertrand et France-Line Mary.

• *L'âge*. — Dans le domaine carcéral, une autre variable discriminante est l'âge ; les détenus sont principalement des hommes, mais aussi, très majoritairement, des hommes jeunes.

Contrairement au sexe, réparti de façon à peu près égale dans tous les pays et notamment dans la population française, la pyramide des âges varie selon les pays et les époques. Il convient donc de s'intéresser à des chiffres relatifs, en rapportant, pour une même date, le nombre de détenus d'une classe d'âge au nombre de personnes de même âge dans le même pays.

Voici, par tranches d'âge, la proportion de détenus en France par rapport au nombre de personnes résidant, en France aussi, au 1er janvier 2000. Nous obtenons ainsi un indicateur de la probabilité d'être enfermé en prison en fonction de l'âge.

La troisième colonne du tableau montre la forte surreprésentation des tranches d'âge allant de 21 à 30 ans. En fait, au 1er janvier 2000, le taux de détention français moyen était de 96,9 pour 100 000 habitants (rapport entre le nombre de détenus et le nombre d'habitants de 13 ans et plus), ce qui signifie que la tranche d'âge surreprésentée va de 18 à 50 ans. À la même date, si l'on comptait également les habitants de moins de 13 ans, ce qui peut être pertinent pour des comparaisons internationales, le taux de détention était de 81,1 pour 100 000 habitants.

NOMBRE DE DÉTENUS ET TAUX DE DÉTENTION, PAR TRANCHES D'ÂGE, EN FRANCE (MÉTROPOLE), AU 1ER janvier 2000

Tranches d'âge	*Nombre de détenus*	*Nombre de détenus pour 100 000 hab.*
13 ans à moins de 16 ans	59	2,5
16 ans à moins de 18 ans	596	38,0
18 ans à moins de 21 ans	3 938	163,9
21 ans à moins de 25 ans	7 225	243,6
25 ans à moins de 30 ans	9 169	214,7
30 ans à moins de 40 ans	13 520	155,3
40 ans à moins de 50 ans	8 428	99,2
50 ans à moins de 60 ans	3 654	54,3
60 ans et plus	1 460	12,0
Total	48 049	96,9

Source : DAP et Insee.

Les prisons sont surtout peuplées de jeunes hommes, mais la tendance est au vieillissement : l'âge médian, en France, est passé 28,4 ans en 1980 à 32,2 ans en 2000. Cette augmentation relative de l'âge des détenus est due à différents éléments qui se combinent : le volontarisme de la politique pénale pour limiter l'entrée de très jeunes adolescents en prison, l'augmentation de la répression des infractions à caractère sexuel qui souvent concernent des hommes plus âgés, la possibilité de faire juger ces infractions longtemps après les faits (dans les cas d'inceste notamment), l'allongement des durées de détention, en particulier pour ces infractions mais pour d'autres aussi comme le trafic de stupéfiants.

Les prisons sont souvent mal adaptées aux détenus âgés. Ils sont plus calmes en détention que les jeunes, mais ils présentent des besoins, en particulier de soins médicaux, auxquels le personnel qui exerce en prison est peu habitué. Qui plus est, les architectes n'ont en général pas prévu les déplacements, en prison, de personnes à mobilité réduite.

Si une politique pénale volontariste, régulièrement réactivée depuis 1945, limite l'enfermement des mineurs, la conséquence la plus immédiate est que ceux qu'on enferme sont parmi les plus turbulents. Comme ils sont peu nombreux, les établissements ne sont pas prêts à faire face à une augmentation imprévue de leur nombre, ne serait-ce que de quelques dizaines de jeunes détenus supplémentaires.

• *Le statut social.* — Selon les données rapportées par Jacques-Guy Petit [1991, p. 143], il y avait, en 1868, dans les maisons centrales de France métropolitaine, 87,5 % d'hommes « pauvres ou miséreux ». Pour une période plus récente, de 1952 à 1978, les données enregistrées par les tribunaux permettent de connaître le groupe professionnel d'appartenance des condamnés. Bruno Aubusson de Cavarlay [1985] en a tiré plusieurs éléments instructifs. L'un d'eux permet de construire le tableau suivant, où l'on voit qu'en 1978 la moitié des condamnations prononcées à l'encontre d'une personne sans profession était la prison ferme, alors que cette sanction ne représentait que 3,2 % des condamnations concernant agriculteurs ou employeurs.

Les données concernant les peines d'amende varient en sens inverse, ce qui permet de conclure qu'à l'aube des années quatre-vingt l'amende était bourgeoise, la prison ferme prolétaire ou sous-prolétaire. Qu'en est-il advenu vingt ans plus tard ?

PROPORTION DES PEINES DE PRISON FERME
DANS LES CONDAMNATIONS
SELON LE GROUPE SOCIOPROFESSIONNEL DU CONDAMNÉ
(tribunaux français, 1978)

Groupe socioprofessionnel	%
Sans profession	49,0
Ouvriers	14,3
Indépendants du commerce	11,4
Employés	8,9
Cadres (secteur public et social)	7,3
Inactifs	7,2
Artisans	5,2
Cadres (secteur privé)	4,6
Employeurs (industrie et commerce)	3,2
Agriculteurs	3,2

Source : [Aubusson de Cavarlay, 1985, p. 291].

(Lecture du tableau : 3,2 % des condamnations prononcées en 1978 à l'encontre des agriculteurs étaient des peines de prison ferme.)

Pour la première fois en France, l'Insee, lors du recensement de 1999, a fait passer une enquête spécifique en prison. Analysée par Annie Kensey, Francine Cassan et Laurent Toulemon [2000], elle révèle qu'un détenu sur deux est ou a été ouvrier (contre un sur trois dans l'ensemble de la population masculine en France à la même date). Cette année-là, les agriculteurs ne représentaient que 0,9 % des détenus, contre 4,4 % dans la population générale ; comme celle des cadres supérieurs, leur probabilité d'être incarcéré était six fois moins forte que celle des artisans et commerçants.

• *Le niveau scolaire.* — Peu après l'incarcération, chaque détenu rencontre un « conseiller d'insertion et de probation » (dénomination des travailleurs sociaux qui exercent en milieu carcéral). Le niveau scolaire fait partie des informations recueillies lors de cet entretien, les détenus qui savent lire passent un test pour déterminer leur niveau. L'administration pénitentiaire dispose ainsi d'une image assez précise du degré d'instruction de chaque détenu.

NIVEAU SCOLAIRE DES DÉTENUS (MÉTROPOLE), ÉVALUÉ PAR UN TEST POUR CEUX QUI SAVENT LIRE (au 1er avril 2000)

Niveau scolaire	%
Instruction secondaire ou supérieure	39,3
Instruction primaire	50,3
Illettrés déclarés	10,4
Total	100,0

Source : DAP.

À la fin du XXe siècle, plus de 60 % des détenus incarcérés en France métropolitaine n'avaient pas un niveau dépassant l'instruction primaire.

Cette information, mise en parallèle avec la forte proportion de jeunes, préoccupe particulièrement l'administration pénitentiaire. Plusieurs études sont effectuées par des chercheurs appartenant à l'administration ou par des équipes externes (par exemple [Carlier, Cirba, 1988], [Bentolila *et al.*, 1997]), et des programmes d'intervention sont mis en place dans la quasi-totalité des établissements, en coopération avec l'Éducation nationale.

L'enquête Insee de 1999 révèle que, parmi les détenus de moins de trente ans, la moyenne d'âge de fin d'études était de 18 ans, alors qu'elle était de 21 ans dans la population française.

• *La pauvreté.* — Dans une étude sociologique à base statistique établie à partir des chiffres fournis par l'administration pénitentiaire, les auteurs soulignent qu'il y a « en maisons d'arrêt 57,7 % des détenus en dessous du seuil de pauvreté [...], 60,9 % en établissement pour peine », alors que ce seuil ne concernait que « 14,5 % des ménages dans la société française, en 1985 » [Combessie, Gheorghiu, Bouhedjah, 1994] ; la mesure du seuil de pauvreté retenu par les auteurs est définie par un revenu inférieur à la moitié du revenu moyen.

Pour plus de précisions sur les liens entre pauvreté et prison, on peut lire en français Godefroy, Laffargue [1992], Marchetti [1997], Vanneste [2000].

• *Les liens familiaux.* — L'enquête Insee 1999 révèle que 43,0 % des hommes détenus âgés de 20 à 49 ans déclaraient avoir un conjoint, contre 66,2 % pour la même tranche d'âge dans la population générale ; quant au nombre moyen d'enfants, il était de 1,0 pour les détenus, contre 1,3 dans la population générale. En 1999, 10,5 % des détenus déclaraient ne pas connaître la profession de leur père, contre seulement 4 % dans la population générale ; pour la majorité d'entre eux, cela signifie qu'ils ne connaissent pas leur père. En empruntant l'expression de Robert Castel, on peut dire que les détenus sont sensiblement plus *désaffiliés* sur le plan familial que les autres habitants de France. Ce critère, bien sûr, s'ajoute aux autres formes de désaffiliation. Prenons garde toutefois à ne pas mal interpréter cette expression : les détenus ne sont pas, majoritairement, des solitaires errant sans attaches, ils sont simplement nombreux à être désaffiliés des réseaux traditionnels (famille, travail, etc.), mais beaucoup d'entre eux sont insérés dans des réseaux de solidarité informels, parfois précaires, souvent constitués sur la base de modes de vie plus ou moins marginaux.

• *La nationalité.* — La proportion d'étrangers présents dans les prisons françaises est supérieure à celle des étrangers recensés sur le territoire national. Celle-ci, à laquelle il faudrait intégrer les personnes en situation irrégulière, est difficile à connaître de façon certaine, mais même les chiffres avancés par les groupements politiques qui ont intérêt à les maximiser ne dépassent pas les 12 % à 15 %. Avec 22,5 % d'étrangers dans les prisons françaises (en avril 2000), il y a donc une surreprésentation des étrangers.

Cette surreprésentation demeure moins forte que celle des hommes, des jeunes et des pauvres (qui sont peut-être des catégories davantage déterminantes), mais la comparaison est d'autant plus difficile qu'on trouve, parmi les étrangers, une proportion importante d'hommes relativement jeunes, en situation professionnelle modeste voire précaire, célibataires, et

Pourquoi tant de pauvres en prison ?

Si multiples que soient les facteurs propres à expliquer l'enfermement des plus démunis, quelques-uns sont assez simples à mettre en lumière, en particulier en ce qui concerne la détention avant jugement, qui conditionne, bien souvent, la peine prononcée : une personne qui est jugée après quelques mois d'enfermement a de fortes probabilités d'être condamnée, au moins, à une durée de prison ferme égale à la durée qu'elle a passée en prison avant jugement, et une personne qui est jugée sans avoir été incarcérée avant a de bonnes chances de n'être condamnée qu'à une peine d'amende ou de prison avec sursis, *cf.* par exemple [Herpin, 1977].

Pour les faits les plus graves, crimes de sang par exemple, un magistrat hésitera peu à enfermer à titre provisoire un notable de la région. Mais, pour un fait plus bénin, un échange de coups sans séquelles importantes avec des fonctionnaires de police après une infraction au code de la route par exemple, la différence sociale entre les individus sera déterminante ; loin qu'entre en ligne de compte la seule richesse financière, plusieurs types de capitaux peuvent se cumuler. Ainsi, pour cette altercation avec les forces de l'ordre, un jeune homme sans qualification, sans emploi et hébergé chez une amie a de fortes chances d'être envoyé en détention provisoire. Pour la même infraction, un homme du même âge, mais diplômé et fonctionnaire ou cadre d'entreprise logé dans un appartement à son nom, sera en général laissé libre de rentrer chez lui, de reprendre son travail le lendemain, et devra seulement se présenter sur convocation à l'audience du tribunal, où il sera condamné à une amende et des dommages et intérêts à la victime ; quant à l'éventuelle peine de prison, elle sera le plus souvent assortie de sursis.

Les raisons des magistrats pour envoyer le premier en prison sont compréhensibles : sans domicile fixe, il risque de « s'évanouir dans la nature », dira-t-on, si on ne le garde pas « sous main de justice » jusqu'au procès. On peut comprendre aussi les raisons qui plaident pour le sursis du jeune cadre : il ne s'agit pas de casser une carrière professionnelle pour quelques coups échangés, et par son travail et son logement, il offre de bonnes « garanties de représentation ». La prison est un lieu où l'on envoie plus aisément les plus démunis (en travail, en domicile, en famille, en argent...) que les plus favorisés. On peut même noter que le Code de procédure pénale prévoit (art. 138 et 142) que le maintien d'une personne à la disposition de la justice, avant un éventuel procès, peut être garanti par le dépôt d'un « cautionnement » ; encore faut-il avoir quelques ressources financières.

d'un niveau d'études faible. Bien qu'une législation spécifique prévoie l'emprisonnement des étrangers qui n'ont pas commis d'autre délit que d'être en « infraction avec la législation sur les étrangers », la proportion d'étrangers enfermés dans les prisons françaises diminue : plus de 30 % dans les années 1991 à 1993, moins de 23 % en 2000.

Comment analyser ces spécificités ?

On trouve, dans les prisons françaises, une très forte majorité d'hommes, relativement jeunes, pauvres, aux liens familiaux plus souvent distendus que dans le reste de la population, issus de milieu modeste et fréquemment sans emploi au moment de l'incarcération, d'un niveau scolaire inférieur à la moyenne ; ils sont surtout de nationalité française, mais la proportion d'étrangers est importante. La tendance la plus visible est un certain vieillissement de la population incarcérée ; pour le reste, les caractéristiques semblent assez stables depuis plusieurs décennies.

Pour l'analyse de chacune de ces caractéristiques (sexe, âge, statut socioprofessionnel, niveau scolaire, pauvreté, liens familiaux, nationalité), comme pour d'autres encore qui pourraient être jugées pertinentes, il convient de faire porter les recherches sur quatre domaines différents. Il y a la prison elle-même bien sûr. Il y a aussi ce qui se passe après la prison. Mais il ne faut pas oublier ce qui se passe en amont, les pratiques des professionnels du maintien de l'ordre, et, plus en amont encore, la législation et sa fabrication. Ces différents domaines sont très inégalement étudiés. Ces inégalités, liées à des raisons pratiques (certaines recherches sont plus faciles à entreprendre que d'autres), produisent, sur la perception globale qu'a une société de ses prisons, des effets d'autant plus importants qu'ils sont méconnus.

Ce qui se passe en prison constitue le domaine le plus souvent analysé : on étudie comment, selon telle caractéristique, majoritaire ou minoritaire, on vit en prison. Par exemple : comment se passe le séjour en prison pour les jeunes, pour les femmes, pour les pauvres, etc. ? L'organisation carcérale, pour peu qu'on obtienne accès aux établissements, permet des investigations aisées : les détenus sont sujets d'analyse captifs, et, qui plus est, une part importante de leurs activités est régulée, contrôlée et consignée par écrit.

Tel n'est plus le cas pour ce qui se passe après la prison. Les études statistiques sont beaucoup plus difficiles, il faut faire des suivis de cohorte, cela demande des procédures lourdes qui se heurtent à des interdictions légales (*cf.* chapitre V-2). L'observation non statistique n'est pas sans difficulté : les sortants de prison, souvent sans emploi et sans famille, sont plus mobiles et parfois moins à la disposition du sociologue que lorsqu'ils étaient enfermés. Il n'en demeure pas moins que ceux que l'on peut rencontrer ont nombre de choses à raconter, et que les conditions d'entretien sont nettement meilleures qu'en prison.

L'autre direction dans laquelle il convient de mener des recherches se situe au contraire en amont. C'est que ce qui se passe en prison (et même après) est largement conditionné par la sélection des personnes qu'on y envoie. L'administration pénitentiaire n'a aucune marge de manœuvre en la matière. Il faut donc d'abord analyser le fonctionnement de la chaîne pénale : l'arrestation, les pratiques des entreprises de sécurité privée, celles des forces de l'ordre, du parquet, des magistrats du siège, etc., (*cf.* [Herpin, 1977] et [Aubusson de Cavarlay, Huré, 1995]). À tous les niveaux, des tris s'opèrent et des traitements sont distinctifs : les jeunes ne sont pas traités comme les plus âgés, les sans-emploi comme les travailleurs, les hommes comme les femmes, les étrangers comme les nationaux, ceux qui ne savent ni lire ni écrire et s'expriment avec difficulté comme ceux qui manient correctement la langue...

Plus en amont encore, on trouve le niveau législatif ; sur le plan pénal, il surdétermine encore plus la sélection. À tout moment, dans une société (en matière pénale, cela se situe surtout au niveau de chaque État), des acteurs sociaux (individuels ou collectifs) luttent pour la modification ou au contraire pour la préservation de certaines normes et des sanctions appropriées pour traiter des pratiques déviantes à ces normes. Howard Becker [1963] a appelé ces acteurs sociaux des « entrepreneurs de morale ». Si, par exemple, des pratiques couramment développées chez les jeunes étrangers sans emploi gênent les acteurs sociaux dotés de suffisamment d'influence pour promouvoir une loi, on pourra trouver beaucoup de ces jeunes étrangers sans emploi poursuivis par la justice. Si donc, à une époque donnée, une loi réprime telle ou telle pratique, ceux qui s'y adonnent se trouveront plus souvent condamnés que ceux qui s'adonnent à d'autres pratiques qui n'ont pas été de la même façon sanctionnées par une loi. Tout dépend des rapports de forces entre les différents protagonistes impliqués dans la définition des normes les plus coercitives d'une société démocratique : les lois pénales.

• *Quelles pratiques conduisent en prison ?*. — Ci-contre, le tableau du haut montre les infractions qui, sur le territoire français, à la fin du XXe siècle, conduisaient les individus en prison, avant ou après jugement.

Ces infractions sont considérées par le Code et par les magistrats comme de gravités inégales, les sanctions sont donc inégalement longues. Une fois la condamnation prononcée, on peut voir dans le tableau du bas les types d'infractions dont relèvent les condamnés qu'on trouvait, au 1er janvier 1998, dans les prisons françaises.

À la différence du tableau précédent, celui-ci exclut les prévenus et intègre les effets de stock liés aux différences de durées d'enfermement ; c'est la raison pour laquelle on trouve, dans le second tableau, une proportion plus faible d'atteintes aux biens : les durées d'enfermement sont plus courtes, en particulier lorsqu'on exclut la part de ces durées effectuée avant le procès.

• *Que font les détenus de leurs journées ?* — La vie quotidienne dans les prisons fait l'objet de monographies détaillées ; différents aspects sont présentés par exemple dans celle de Léonore Le Caisne [2000] concernant la maison centrale de Poissy. On trouve aussi un nombre important de réponses à différentes questions dans *Le Nouveau Guide du prisonnier* [Bolze *et al.*, 2000]. Il n'est pas possible de parler globalement de la vie quotidienne en prison, car chaque établissement pénitentiaire est différent. Dans les maisons d'arrêt les plus surpeuplées, les détenus passent 22 heures par jour enfermés dans leur cellule, où ils sont regroupés à trois ou quatre, parfois plus, où ils mangent, font leur toilette et leurs besoins, avec la télévision comme lien privilégié avec l'extérieur. Dans les établissements pour peine, ils sont souvent seuls dans une cellule qu'ils peuvent avoir la possibilité d'aménager un peu à leur goût. Dans certains centres de détention, une forme de vie sociale parvient à s'établir entre des détenus d'un même secteur de bâtiment : ils peuvent circuler assez librement, les portes des cellules n'étant fermées que la nuit, et partagent des occupations diverses (bibliothèque, activités sportives, etc.).

La question du travail des détenus doit être envisagée de façon spécifique. Les liens entre prison et travail sont anciens ; certains lieux d'enfermement d'autrefois étaient des centres de

RÉPARTITION DES ENTRANTS EN PRISON AU COURS DE L'ANNÉE 2000 SELON LE TYPE D'INFRACTION

Type d'infraction		*N*	*%*
Crimes	Homicide volontaire	1 337	2,0
	Viol	2 679	4,0
	Autres crimes	3 047	4,6
Délits	Délit contre les biens	27 289	41,1
	Délit contre les personnes	8 739	13,2
	Infraction à la législation sur les stupéfiants	8 850	13,3
	Délit routier	4 565	6,9
	Infraction à la législation sur les étrangers	3 712	5,6
	Délit financier et économique	561	0,8
	Autres délits	5 670	8,5
Total		66 449	100,0

Source : DAP.

[Lecture : 2,0 % des personnes envoyées en prison au cours de l'année 2000 l'ont été pour homicide volontaire. *Nota bene* : une même personne peut être envoyée plusieurs fois en prison la même année, elle est alors comptée plusieurs fois parmi les entrants.]

RÉPARTITION DES CONDAMNÉS DÉTENUS EN FRANCE MÉTROPOLITAINE AU 1er JANVIER 2001 SELON LA CATÉGORIE D'INFRACTION

Catégorie d'infraction	*N*	*%*
Crime de sang	3 144	10,6
Viol et agression sexuelle	7 135	24,2
Autres atteintes aux personnes	3 903	13,2
Vols et escroqueries	8 031	27,2
Infraction à la législation sur les stupéfiants	4 085	13,8
Divers	3 240	11,0
Total	29 538	100,0

Source : DAP.

[Lecture : 10,6 % des condamnés détenus en France au 1er janvier 2001 avaient été condamnés pour crime de sang.]

travail pour vagabonds (les dénominations *working houses* ou *ateliers généraux* sont explicites) ; l'enfermement pénitentiaire a pu être, par ailleurs, une dérivation de la peine de travaux forcés (*cf.* chapitre I.1). Dans certains États, soumis à des régimes politiques peu démocratiques, les camps de travail pénitentiaire mettent à disposition des gouvernements une main-d'œuvre à bon marché. En France, le travail des détenus n'est plus obligatoire ; il reste néanmoins un droit reconnu par la Constitution (reconnu mais non appliqué, comme pour tous les citoyens). Les activités et les rémunérations sont variées. En l'an 2000, quatre détenus sur dix étaient rémunérés. Environ dix mille d'entre eux travaillaient pour des concessionnaires qui proposent le plus souvent des activités de manutention, pour un salaire mensuel moyen de 275 euros. Sept mille détenus travaillaient pour le *service général* (distribution des repas, nettoyage des locaux, etc.) pour un revenu mensuel de 110 euros. Trois mille détenus étaient rémunérés dans le cadre de la formation professionnelle, et percevaient en moyenne 225 euros. Mille trois cents détenus, enfin, étaient salariés par la Régie industrielle des établissements pénitentiaires (RIEP) pour 340 euros en moyenne chaque mois. Le développement du travail en prison se heurte souvent à des oppositions externes, c'était vrai au XIXe siècle [Petit, 1991, p. 152-154] comme à la fin du XXe [Combessie, 1996, p. 108-110] : on redoute que les détenus, payés moins cher, fassent une concurrence déloyale aux travailleurs libres. En fait, le type de travail proposé et les difficultés spécifiques au milieu carcéral rapprochent surtout le travail en prison des productions délocalisées vers des pays à main-d'œuvre bon marché ; dans ce contexte, il peut être assez profitable pour les employeurs. Malgré cela, le nombre de détenus qui cherchent à travailler est supérieur aux possibilités offertes. C'est que le travail en prison revêt une importance primordiale. Les journées passent plus vite quand on est occupé, les conditions de détention sont améliorées quand on peut acheter les produits vendus par la cantine et, surtout, les durées de détention peuvent être réduites grâce à deux arguments qui se complètent : avec ses revenus, même modestes, le détenu rémunéré peut commencer à payer dommages aux victimes ou amendes, et, avec son volontarisme au travail, il présente, dit-on, de bons « gages de réinsertion ». Certains travaux sont effectués en cellule, d'autres dans des

L'épreuve de l'incertitude

L'organisation réglée et contrôlée des différentes activités en détention ne doit pas faire oublier une caractéristique fondamentale et souvent méconnue de la vie en prison : l'incertitude. Elle est plus évidente pendant toute la phase d'enfermement avant le procès (qui, pour la majorité des détenus, est la plus importante) ; l'incertitude concerne alors avant tout la situation judiciaire : quand aura lieu le procès ? quelle sera son issue ? une mise en liberté interviendra-t-elle avant l'audience ? quand ? Chaque jour est potentiellement porteur d'une décision qui change radicalement l'existence du détenu avant le jugement. Mais ce climat d'incertitude ne cesse pas une fois la condamnation prononcée : l'incertitude liée aux décisions judiciaires se trouve vite relayée par des incertitudes plus strictement carcérales. La cohabitation forcée avec des codétenus qui vivent dans le même climat renforce le caractère imprévisible d'un voisinage potentiel de violence [Bottomley, 1994]. La dépendance mutuelle entre les détenus et le personnel de surveillance est également un facteur de trouble. Et que dire de l'incertitude liée à la date de sortie ? Totale pour les détenus condamnés *à perpétuité*, elle n'est pas moins terrible pour tous les autres, quelle que soit la longueur de la peine. Tony Peters [1976] parle de période d'« incertitude institutionnalisée [...] à partir du moment où les détenus sont dans les conditions d'une libération conditionnelle ». Qu'il s'agisse de mesure collective (comme les amnisties ou les grâces du 14 juillet en France), ou de mesure individuelle, le détenu ignore ce qui l'attend. L'excitation des détenus à l'approche des dates où sont habituellement prises de telles décisions manifeste l'ampleur de cette incertitude. À cela s'ajoutent de nombreuses incertitudes organisées par l'administration pénitentiaire pour raison de « sécurité » : le détenu peut être contraint de changer de cellule, de compagnon de discussion, de type de travail (et donc de revenu), d'heure de promenade... il peut être transféré d'un établissement à l'autre — parfois sans avoir le temps de prévenir ses proches qui lui rendent visite au parloir. Dans le nouvel établissement, il peut apprendre qu'il n'a pas le droit d'apporter avec lui par exemple tel appareil radiocassette qu'il venait pourtant d'acheter après plusieurs mois d'économies.

À des niveaux très différents, qu'il s'agisse d'un début, d'un milieu ou d'une fin de détention — dont le terme exact n'est connu par le détenu qu'au tout dernier moment, parfois le jour même de la sortie —, la vie en prison est marquée par l'expérience quotidienne de l'incertitude.

ateliers. Les maisons d'arrêt sont les établissements où il est le plus difficile d'obtenir du travail. Les seules activités qu'on trouve partout sont celles, particulièrement mal rémunérées, du service général : elles rythment la vie en détention.

Dans tous les cas, quel que soit le type d'établissement ou la phase de l'enfermement, en dehors des codétenus, les personnes qui ont les plus fréquents contacts avec les prisonniers sont les fonctionnaires pénitentiaires.

3. Ceux qui rentrent chez eux chaque jour

Lieu d'enfermement pour les détenus, la prison est un lieu de travail pour différentes catégories de personnel : surveillants, travailleurs sociaux, équipes administratives, intervenants divers...

Depuis qu'on enferme des gens (depuis l'Antiquité), on en charge d'autres de les surveiller. En France, le terme *gardien* a été officiellement remplacé par celui de *surveillant* en 1911. Les fonctionnaires pénitentiaires français tiennent à cette distinction et répètent volontiers : « On garde des troupeaux... mais les hommes, on les surveille. » Dans d'autres pays francophones, en Suisse par exemple, le terme de *gardien* est resté en usage.

Assez rapidement (avant la fin du Moyen Âge) sont apparues des bonnes volontés pour limiter les souffrances liées à l'enfermement. On a souligné les aspects contradictoires entre la logique de surveillance et ces missions en prison — exercées de façon bénévole ou professionnelle —, mais il ne faut pas se masquer le fait qu'elles contribuent aussi à la fonction de surveillance et de maintien au calme des personnes enfermées. Cette remarque, qui n'est pas spécifique à l'univers carcéral, rejoint ce que Pierre Lascoumes [1977] appelle les « contradictions du travail social ».

Travaillent également en prison, comme dans toutes les administrations, des équipes techniques et un personnel administratif. De plus, et c'est une des spécificités de la prison, les intervenants extérieurs sont nombreux et divers (bénévoles ou professionnels, détachés d'autres administrations ou appartenant à des entreprises privées...). Leur nombre s'est accru à partir de 1974 et surtout des années quatre-vingt.

Actuellement, les recherches en sciences sociales concernant spécifiquement les surveillants sont rares (en France, peu d'investigations avaient été faites avant l'enquête de Georges Benguigui, Antoinette Chauvenet et Françoise Orlic, au début des années quatre-vingt-dix), et aucune étude sociologique d'envergure ne s'est intéressée spécifiquement aux travailleurs sociaux en milieu carcéral, ni au personnel technique et administratif, ni aux intervenants externes, ni aux proches des détenus.

C'est l'une des raisons de la méconnaissance des prisons. La focalisation du regard sur les détenus et sur la violence que constitue, dans un pays démocratique, la privation de liberté avec tous ses corollaires détourne de l'étude des interactions et de l'enchevêtrement des multiples aspects de l'univers carcéral. Il est difficile, comme dit Michael Pollak [1990] au sujet d'un terrain plus chargé, de « produire du froid à partir du chaud ». Cette difficulté concerne les sociologues mais aussi l'ensemble des citoyens.

Le personnel pénitentiaire

Peu d'études ont été effectuées sur l'origine du personnel pénitentiaire français, aucune sur son origine sociale.

RÉPARTITION DU PERSONNEL PÉNITENTIAIRE
(effectif budgétaire au 1er janvier 2000)

Corps d'appartenance	*Effectif*	*Pourcentage*
Personnel de surveillance	20 256	78,3
Personnel administratif	2 308	8,9
Personnel socio-éducatif	2 010	7,7
Personnel technique	675	2,6
Personnel de direction	453	1,8
Vacataires divers	166	0,6
Total	25 868	100,0

Source : DAP.

Les seules données dont on dispose pour l'ensemble du personnel (en dehors des informations concernant la carrière pénitentiaire) sont le sexe, la date et le lieu de naissance. On connaît également le diplôme le plus élevé de la plupart des élèves passés par l'École nationale d'administration pénitentiaire depuis 1968 : progressive jusqu'à la fin des années quatre-vingt, l'élévation du niveau de diplôme est devenue exponentielle à la fin des années quatre-vingt-dix.

Des professions qui se féminisent

Alors que la proportion de femmes enfermées est plus faible qu'il y a quelques décennies, on remarque une tendance inverse en ce qui concerne le personnel pénitentiaire. Certains emplois connaissent depuis longtemps une surreprésentation féminine : infirmerie, travail social, administration notamment. Pour d'autres métiers de la prison, la croissance de la proportion de femmes est récente. En 1998, la réussite au concours de directeur revenait pour moitié à des candidates. Parmi le personnel de surveillance, la proportion de femmes est en croissance régulière (7,1 % en 1996, mais la promotion de nouveaux surveillants recrutés la même année comprenait 16,2 % de femmes) ; Pierre Pradier [1999] note que cette évolution tend à limiter les tensions entre détenus et surveillants.

En France, les postes d'encadrement (directeurs, surveillants-chefs) ont longtemps été exclusivement occupés par des fonctionnaires sortis du rang. L'ouverture des concours de directeur (1977) et de chef de service pénitentiaire (1994) à des personnes extérieures à l'administration pénitentiaire, et, qui plus est, à des femmes, entraîne, petit à petit, des modifications notables dans les rapports au sein du personnel et entre personnel et détenus.

• *Le personnel de surveillance.* — Dans la mesure où les informations concernant le lieu de naissance sont particulièrement précises (jusqu'à la commune), elles ont été à plusieurs reprises étudiées par les sociologues [Hertrich, Faugeron, 1987], [Combessie, 1996], [Frénot, 1998]. Leurs conclusions convergent : les surveillants sont principalement nés dans les régions anciennement industrialisées du nord et de l'est de la France et dans les départements ruraux. Ils sont beaucoup moins souvent que les autres Français issus des régions parisienne, lyonnaise et marseillaise, où sont pourtant concentrés un nombre important de grands centres pénitentiaires. La conséquence est qu'on trouve dans ces établissements une forte proportion de surveillants stagiaires et de jeunes fonctionnaires, tout juste sortis de l'école, qui sont confrontés à des jeunes issus des milieux de la délinquance urbaine qu'ils connaissent peu. C'est là un facteur de trouble qui a son importance, en particulier dans les quartiers pour jeunes détenus.

L'évolution la plus significative du personnel de surveillance concerne le niveau de diplôme, de plus en plus élevé. Aucune étude générale ne permet d'indiquer la répartition des diplômes de l'ensemble des membres du personnel de surveillance, mais,

PROPORTION, EN POURCENTAGE,
DES TITULAIRES D'UN DIPLÔME UNIVERSITAIRE
REÇUS AU CONCOURS DE SURVEILLANT, SELON L'ANNÉE

Année	*Bac.*	*Diplôme supérieur au bac.*	*Bac. ou plus*
1971	0,3 %	0 %	0,3 %
1976	0,8 %	0 %	0,8 %
1981	3,6 %	0 %	3,6 %
1986	16,8 %	0,4 %	17,2 %
1991	17,5 %	1,3 %	18,8 %
1997	59,5 %	28,6 %	88,1 %

Source : [Frénot, 1998, p. 29].

grâce au travail de Catherine Frénot [1998], on connaît l'évolution de la proportion des candidats reçus au concours de surveillant ayant un diplôme égal ou supérieur au baccalauréat.

Pour la promotion recrutée en 1997, cette proportion (88,1 %) est supérieure à celle qu'on trouvait, à l'époque, dans l'ensemble de la population française (51,9 %) — on notera toutefois que 80,3 % des surveillants de cette promotion avaient moins de 30 ans, ce qui tend à augmenter la probabilité d'avoir un diplôme égal ou supérieur au baccalauréat.

Cet élément, combiné au nombre de plus en plus important d'intervenants externes qui, en prison, s'occupent des activités les plus nobles (théâtre, yoga, ateliers d'écriture, etc.) ne laissant aux surveillants que les tâches les plus ingrates, quand ce n'est pas un simple rôle de « porte-clés », est l'une des causes majeures du malaise du personnel de surveillance. Les évolutions de ces deux tendances peuvent faire craindre que ce malaise n'aille croissant, sauf à redéfinir de façon importante les missions de ces fonctionnaires.

• *Le personnel socio-éducatif.* — Les membres du personnel socio-éducatif ont une origine beaucoup plus souvent urbaine que les surveillants, ce qui tend à accroître le taux de rotation des travailleurs sociaux dans les établissements situés en zone rurale. Associée souvent à des différences de formation scolaire ou universitaire, cette diversité d'origine participe au clivage entre les groupes et accentue les difficultés de relation entre personnel de surveillance et personnel socio-éducatif. Ils n'ont pas les mêmes centres d'intérêt, les premiers privilégiant souvent les loisirs en plein air (sport, chasse, horticulture, cueillette), les seconds les activités culturelles (cinéma, expositions, théâtre). Ces tendances seraient à confirmer par des études approfondies, mais elles se vérifient dans plusieurs établissements situés dans les zones très rurales ainsi que dans les grandes conurbations (il semble que ce soit moins le cas dans les prisons situées dans des villes moyennes).

Les autres personnels et intervenants externes

Les fonctions et les missions des autres fonctionnaires pénitentiaires et des intervenants externes sont prises en compte dans plusieurs recherches qui analysent le fonctionnement des prisons, notamment celles qui s'inspirent de la sociologie des organisations (*cf.* chapitre IV-2), mais on manque d'études sociologiques qui les prennent comme objet central d'investigation. Des recherches sur ces métiers et activités méconnus seraient pourtant fécondes. Il conviendrait notamment de ne pas négliger le cas des agents qui ne sont pas en contact direct quotidien avec les détenus et dont les activités peuvent être exercées aussi dans d'autres contextes (secrétaires, comptables, médecins, instituteurs, etc.) : une analyse comparative des trajectoires, des pratiques et des marges de manœuvre pourrait permettre de comprendre quelques spécificités de l'institution carcérale.

• *Les associations bénévoles.* — En application de la parole de l'Évangile : « J'étais en prison et vous m'avez visité » [Matthieu 25 : 36], diverses associations d'inspiration chrétienne s'occupaient déjà des captifs de l'Ancien Régime (l'ordre des Mercédaires a été créé en 1218). Elles se sont multipliées, et se sont vues adjoindre des associations d'inspiration humaniste lorsque sont apparues les premières prisons pour peine. Certaines en sont même les inspiratrices. On peut penser que, tant que vivra la prison, il se trouvera des bénévoles pour y intervenir. Une approche sociologique globale de l'enfermement pénitentiaire doit les intégrer dans son champ d'investigation, comme cela a été fait par certains travaux d'historiens.

Ces associations prennent des dénominations d'inspirations diverses, témoins des époques de leur création et de leurs évolutions. Les plus anciennes, qui perdurent localement sans s'être développées de façon importante, continuent de porter les noms d'inspiration chrétienne, souvent liés à saint Vincent de Paul. D'envergure plus importante, l'Œuvre de la visite des prisonniers s'est donné, dans les années quatre-vingt, un nom plus neutre : Association nationale des visiteurs de prison (ANVP). Elle rejoignait en cela les associations, souvent anciennes, dont les noms sont essentiellement fonctionnels comme la Société générale des prisons (dont les activités ont été analysées par Martine Kaluszynski). Dans le sillage de mai 1968 (et du passage derrière les barreaux de militants maoïstes), les perspectives militantes s'affichaient, notamment avec le Groupe d'information sur les prisons, le Mouvement d'action judiciaire et surtout les Comités d'action des prisonniers. Le Groupement étudiant national d'enseignement aux personnes incarcérées (Génépi) est né en 1976, après de graves troubles dans les prisons ; cette association de jeunes étudiants caractérisée par une rotation très rapide de ses membres, déploie un dynamisme particulier. L'optique transnationale des utopies modernes et le prestige dont jouissent les associations qui obtiennent le label organisation non gouvernementale, ont fait apparaître dans les sigles, à la fin du XXe siècle, l'adjectif « international » : Amnesty International, Prison Fellowship International, Penal Reform International (PRI), Observatoire international des Prisons (OIP)...

III / Quelles politiques pour la prison ?

Dans le chapitre I-2, pour comprendre les logiques sociales de la prison, nous avons effectué une analyse croisée des logiques de l'enfermement et des justifications théoriques des sanctions. Les chapitres II-2 et II-3 nous ont permis de mieux connaître les principales caractéristiques sociologiques des acteurs de l'univers carcéral. Nous pouvons envisager maintenant la façon dont les pouvoirs publics ont mis en œuvre les politiques concernant la prison. Nous verrons que certaines de ces politiques sont argumentées et parfois même théorisées en référence explicite avec certaines logiques de justification des sanctions ; d'autres, au contraire, sont essentiellement pragmatiques. Nous distinguerons les politiques pénitentiaires, qui concernent les modalités d'enfermement, et les politiques pénales, à travers lesquelles on pourra analyser la place de la prison dans différents dispositifs de régulation judiciaire des sociétés démocratiques.

1. Politiques pénitentiaires

Une prison rédemptrice

On ne peut parler de politique pénitentiaire qu'à partir du moment où la prison s'est généralisée, au cours du XIXe siècle. Les philanthropes voulaient en faire un instrument propre à transformer les criminels en *hommes nouveaux*, une prison rédemptrice. En France, l'arrêté du 25 décembre 1819 organise le traitement que doit subir le prisonnier pour sortir changé. L'instrument de sa rédemption est d'abord la solitude, qui doit l'amener à réfléchir sur son crime. Pour cela, on recommande des cellules au confort sain. Cette quête de prisons salubres est l'un des principaux chevaux de bataille des philanthropes. Il faut dire qu'à l'époque les geôles étaient dans un état déplorable. Mais le combat n'aurait pas été aussi tenace s'il n'avait été soutenu par le rêve d'obtenir un instrument apte à métamorphoser le plus invétéré des criminels en homme vertueux. Le châtiment proposé par les philanthropes est moral avant tout, la peine est à la fois douce (plus douce que les châtiments corporels, plus douce que l'enfermement dans un cul-de-basse-fosse) et terrible : pour modifier les comportements des prisonniers de façon radicale, il faut agir sur leur âme. Le parcours idéal du détenu dans la prison rêvée par les philanthropes le mène de la solitude, propice à la réflexion sur la faute, au repentir. Au cours de cette phase, il se montrera docile, et, grâce au travail, à un emploi du temps bien réglé, et à la méditation religieuse, grâce aussi à une politique de distinctions savamment organisée, il se reconstituera une personnalité respectueuse des règles auxquelles il est soumis, et comprendra tout le profit qu'il peut tirer des gratifications proposées par la société.

Régulièrement réactivées sous de nouvelles formes, ces doctrines du traitement empruntent le modèle médical ; le détenu est un malade social qu'il s'agit de traiter, pour le guérir. L'un des instruments privilégiés de ce traitement est l'individualisation de la peine, qui permet, en fonction des résultats obtenus en termes d'amendement du détenu, de le faire sortir plus tôt, tout en le maintenant sous contrôle judiciaire ; c'est le système de la libération conditionnelle, apparu en Europe à la fin du XIXe siècle. Suivant les époques, on voit changer les intervenants chargés de mettre en œuvre le traitement des détenus : prêtres, médecins, psychologues, travailleurs sociaux… mais la logique est la même : faire prendre conscience au détenu de sa responsabilité dans l'acte qui a entraîné la condamnation pour l'amener à mieux se conduire ensuite.

Les doctrines de la défense sociale

Au début du XXe siècle s'est développée, en Europe, une doctrine dite de la « défense sociale », proposant un changement de

Que faire des détenus dangereux ?

Les personnes chargées des prisons distinguent trois principaux types de détenus dangereux : les détenus qui présentent de forts risques d'évasion, les agitateurs, meneurs potentiels de révoltes, et enfin les détenus à la personnalité très perturbée, au comportement imprévisible, souvent agressifs. Avec la diminution des enfermements psychiatriques, on retrouve en prison de plus en plus de détenus de ce troisième type, présentant des troubles mentaux.

Quel que soit le type de danger qu'ils représentent, en France, l'administration les appelle des « détenus particulièrement signalés » (DPS). Trois cents personnes, environ, sont concernées. En fait, certains détenus classés DPS en raison de l'infraction qui leur est reprochée ne suscitent guère de problèmes en détention, alors que d'autres, particulièrement difficiles mais qui ne figurent pas sur la liste, peuvent être traités comme des DPS. Officielles ou officieuses, ces classifications et dénominations varient suivant les pays, parfois suivant les prisons, mais elles existent partout.

Pour éviter que les dangers potentiels qu'ils représentent ne produisent des drames, deux possibilités se présentent : soit on les réunit dans un nombre réduit d'établissements isolés et gardés de façon plus stricte que les autres (certains ont même envisagé des établissements sous terre), soit on évite de les regrouper en les dispersant dans différentes prisons.

Au début du XXIe siècle, en Europe, la seconde option a les faveurs des autorités mais les modalités pratiques varient suivant les pays et les directives politiques. Par endroits, chaque détenu réputé dangereux est le plus possible isolé, ailleurs, au contraire, on réunit quelques petits groupes de ces détenus dans des *quartiers* spécialement contrôlés de certaines prisons. C'est le cas en France. Pour limiter les risques, ces détenus sont invités à faire ce que le jargon des prisons appelle du « tourisme pénitentiaire » : ils sont régulièrement transférés d'un établissement à l'autre, sans information préalable. En moyenne, en 1997, les détenus purgeant des peines supérieures à dix ans restaient moins de dix mois d'affilée dans une même prison. Quant aux « quartiers » où sont enfermés ces détenus, ils ont eu une existence légale entre 1975 et 1981, avec les *quartiers de haute sécurité* (QHS) : *quartiers de sécurité renforcée* et *quartiers de plus grande sécurité*. Le changement de majorité politique a entraîné leur suppression, mais, comme le note Jean-Paul Jean [1997 : 86] : « Le problème demeure de la gestion des détenus considérés comme dangereux, gérés aujourd'hui plus par le fait que par le droit. Les systèmes spéciaux se sont reconstitués très vite [...] mais sans garanties, ni contrôles. »

Quel que soit le type de mesure adopté, on notera que si l'on suivait les préceptes de la défense sociale, seuls ces détenus qualifiés de dangereux devraient rester en prison, et il conviendrait de libérer tous les autres.

perspective dans l'approche des criminels. On ne s'intéresse plus à leur responsabilité mais à leur dangerosité. L'objectif principal est de protéger la société, l'ordre social. Lorsqu'un individu est reconnu coupable, il faut établir un diagnostic de sa dangerosité et prescrire la façon de la traiter. La prison est alors susceptible d'être utilisée dans deux directions opposées. Si l'individu est reconnu très dangereux (même faiblement coupable), il s'agit de le neutraliser, éventuellement en le maintenant enfermé pour une durée très longue (quelques tenants de la défense sociale sont d'ailleurs favorables à la peine de mort).

Si au contraire l'individu n'est pas dangereux, l'enfermement peut très rapidement s'interrompre. Dès que le diagnostic de non-dangerosité est établi, le détenu est libéré (même s'il n'est resté que peu de temps en prison et qu'il est pleinement responsable d'un acte grave). Le rêve des promoteurs de la défense sociale est un enfermement à durée indéterminée, un peu sur le modèle des enfermements psychiatriques : le détenu ne sort que lorsqu'il est considéré comme non dangereux pour l'ordre social. Bien qu'ici l'approche des criminels soit différente de celle des doctrines classiques, on est encore, en partie au moins (quand il ne s'agit pas de simplement neutraliser les plus dangereux), dans une logique de traitement. Cette doctrine a été réactivée en France, au lendemain de la Libération, par Marc Ancel [1954].

La prison comme terrain d'expérimentation de politiques d'assistance

Dans certains domaines, notamment en matière de prise en charge des personnes les plus mal insérées dans les réseaux d'assistance médicale et sociale, la prison peut faire figure de terrain d'expérimentation pionnière. Il ne s'agit pas toujours d'une volonté délibérée d'action en faveur des détenus, mais certains concours de circonstances peuvent conduire à mettre en œuvre de telles pratiques, comme la prise de conscience par les autorités de l'importance de la diffusion du virus du sida parmi les personnes incarcérées. C'est ainsi que les détenus des prisons françaises ont été les premiers à bénéficier d'une première forme de couverture maladie universelle, plusieurs années avant que celle-ci ne soit développée pour l'ensemble de la population.

En matière de lutte contre la toxicomanie, des expériences sont développées dans quelques prisons, en France et à l'étranger [Rotily, 1998], mais on ne voit pas encore apparaître de politique générale cohérente. C'est principalement à l'initiative de médecins ou d'associations que ces politiques de réduction des risques sont mises en place.

Les doctrines du juste dû

En opposition à toutes les logiques de traitement, est apparue, aux États-Unis, au cours des années soixante-dix, une doctrine d'usage de la prison dite *justice model.* Elle relève de la philosophie pénale du *just desert* (*cf. supra*) et on la traduit, en français, par la même expression de *juste dû.* En matière carcérale, cette doctrine s'oppose aussi bien aux doctrines classiques de traitement qu'à celle de la défense sociale.

La logique du *justice model* rejette toute forme d'individualisation. Elle refuse non seulement l'individualisation du prononcé de la peine (les circonstances atténuantes), mais aussi toutes les mesures d'aménagement de la peine pendant la détention (remises de peine pour bonne conduite, libération conditionnelle, etc.). À tel acte prohibé correspond telle durée d'enfermement, ni plus ni moins ! C'est-à-dire que cette durée n'est susceptible ni de négociation ni de variation. Le condamné est enfermé, dans des conditions aussi normales que possible : il jouit d'un certain confort, et peut mener ses journées en prison comme bon lui semble. On met à sa disposition quelques possibilités de traitement, mais il n'est en rien *encouragé* à les suivre — en tout cas, cela n'abrégera pas sa durée d'enfermement (ou alors de façon symbolique).

Cette doctrine, qui prétend à l'équité, postule que la vertu de lois simples, implacables mais justes, facilite la compréhension, par les citoyens, des limites que met la société à certains agissements. Le condamné n'est pas envisagé comme un malade à traiter, ni comme un individu en état de précarité sociale, mais comme un citoyen responsable qui était libre de ses actes. Elle vise à éliminer la confusion qu'introduisent dans les esprits les mesures d'individualisation de la peine qu'elle présente comme des passe-droits. Tel acte mérite telle peine, et elle sera appliquée sans faiblesse, mais sans excès non plus. Surtout, elle sera appliquée avec certitude et dans son intégralité quel que soit l'individu. Chaque condamné recevra son *juste dû* en fonction de l'acte commis, et ce sera la justice, rien que la justice : c'est le *justice model.*

Les pratiques relevant de la détention positive

En marge des logiques de traitement (qui font appel à des intervenants externes divers et de plus en plus nombreux), et, d'une certaine façon, en opposition à la doctrine du « juste dû », on a vu se développer, en Amérique et en Europe du Nord, des pratiques dites de *détention positive*. Il est difficile de parler de doctrine dans la mesure où il s'agit surtout de logiques pratiques. Fondamentalement, ces pratiques reposent sur l'idée que le meilleur traitement est une application juste de la technique de la carotte et du bâton.

Comme celles qui sont développées à partir de la doctrine du juste dû, ces pratiques vont de pair avec la diminution du rôle et de l'implication des intervenants externes. Il s'agit de réhabiliter le rôle du personnel pénitentiaire, des surveillants surtout. Principal interlocuteur des détenus, le surveillant disposerait, pour gérer la vie quotidienne des détenus et les conduire à comprendre les règles de la société, de possibilités de sanctions et de gratifications dont la simplicité fait la force. Selon les promoteurs de ces pratiques, les interventions des spécialistes du traitement venus de l'extérieur, qui sont souvent contradictoires entre elles et qui relèguent le travail des surveillants à des tâches ingrates et subalternes (alors qu'ils sont dans un contact plus étroit que tous les autres avec les détenus) produisent trop d'effets négatifs, non seulement sur le personnel de surveillance, mais aussi sur les détenus.

Comme celles qui sont développées par la logique de traitement, ces pratiques reposent sur l'idée qu'il est possible d'améliorer les personnes qu'on enferme, mais, cette fois, on leur assigne un partenaire principal, référent et clé de voûte de leur amendement : le surveillant. D'une certaine façon, on peut dire que, *mutatis mutandis*, le surveillant est au détenu à réintégrer dans la société ce que l'instituteur de la IIIe République était aux enfants à éduquer.

Dans la logique qui sous-tend ces pratiques, certains projets visent à fondre en un seul corps professionnel les surveillants et les travailleurs sociaux pénitentiaires.

Les plans qui impliquent les détenus

Au cours de la dernière décennie du XXe siècle, une nouvelle approche est apparue dans plusieurs pays d'Europe occidentale, et d'abord en Grande-Bretagne, à la suite du rapport sur les prisons du juge Lord Justice Woolf [1991]. On l'appelle *plan de gestion de peine*, il a été transféré en France sous le nom de *projet d'exécution de peine* (PEP). Il s'agit de proposer aux détenus des espèces de « plans de carrière » qui leur permettent de collaborer activement à la peine à laquelle ils ont été condamnés plutôt que de la subir passivement. Ce type de projet combine des éléments de la politique de traitement et de la détention positive. Il a l'avantage, pour les autorités pénitentiaires, d'impliquer le personnel de surveillance.

Il trouve toutefois un champ d'application limité : seule une petite proportion des détenus incarcérés en France sont susceptibles d'être concernés. En sont en effet d'emblée exclus tous les prévenus, ainsi que ceux à qui il ne reste à purger qu'un reliquat de peine très court ; du fait de leur absence (ou quasi-absence) d'enfermement en tant que condamnés, ceux-ci sont peu concernés par les politiques pénitentiaires en général, mais encore moins par celles qui impliquent leur collaboration. Les détenus, au contraire, condamnés à de très longues peines, et surtout à une durée d'enfermement incompressible sont eux aussi peu concernés : il est difficile de se motiver pour un « projet » qui ne peut en rien modifier l'essentiel, la sortie. Les détenus qui entrent dans le cadre de tels dispositifs sont donc ceux qui se trouvent dans une situation intermédiaire, avec une durée de détention suffisamment longue pour envisager un « projet » échelonné dans le temps, et suffisamment courte pour envisager l'avenir, l'après de ce « projet ». Si l'on considère qu'une telle durée est comprise entre un an et cinq ans, cela représentait, en France, en l'an 2000, un cinquième de la population incarcérée.

Avec le PEP, dans une optique de préparation à la réinsertion, les particularités de chaque détenu devraient être mieux prises en compte par l'ensemble des fonctionnaires pénitentiaires, notamment à travers la considération de leurs efforts en matière de paiement de dommages et intérêts, participation active aux séances de soins (alcooliques, toxicomanes, délinquants sexuels...).

En fait, le PEP peut être considéré comme une réactivation — voire comme un nouvel avatar — de la politique pénitentiaire officielle de la France, qu'on appelle le « régime progressif », d'après lequel les détenus devraient être envoyés d'un établissement à l'autre en fonction de leur évolution personnelle par rapport à la spécificité des problèmes qui les ont conduits en prison. Voici le parcours typique du détenu condamné à une longue peine : maison d'arrêt jusqu'au jugement définitif, centre national d'orientation (où le détenu est évalué pendant deux mois par différents spécialistes), établissement pour peine approprié à son cas particulier (c'est, bien souvent, une maison centrale), établissement pour peine destiné à préparer la sortie (centre de détention).

En résumé...

Les doctrines du traitement postulent qu'il faut enfermer tous les criminels, et que l'isolement, associé à un traitement adéquat, pourra les rendre meilleurs. Les doctrines de défense sociale postulent qu'il ne faut enfermer que les criminels dangereux, et que la durée de l'enfermement dépend de la durée et de l'évolution de la dangerosité. Les doctrines du juste dû postulent que la force est dans la simplicité de la loi, qui doit s'appliquer également à chaque individu en fonction de l'acte commis (la prison n'étant que la manifestation de la force de la loi). Les doctrines de la détention positive postulent que la gestion de la prison dans la vie quotidienne (avec son système de récompenses et de sanctions) est le plus simple et le plus efficace des traitements. Les doctrines les plus récentes, qui impliquent les détenus, combinent les avantages des doctrines de traitement et de détention positive mais ne peuvent concerner qu'une faible proportion des personnes incarcérées (en l'état actuel des politiques pénales).

Quelles que soient les politiques pénitentiaires envisagées, toutes courent le risque de se heurter à un obstacle majeur : l'augmentation du nombre d'incarcérations. Aucune administration pénitentiaire n'a la maîtrise des flux de détenus, ni à l'entrée ni à la sortie. Toute politique pénitentiaire, qu'elle soit idéaliste ou réaliste, peut être rendue inapplicable par une trop forte augmentation du nombre de détenus. Contre ce risque, il faudrait mettre en place un système de *numerus clausus*,

L'amélioration des conditions de vie et ses limites

Certains observateurs notent le confort croissant des prisons, pour s'en féliciter ou pour le regretter. Qu'en est-il exactement ? Si l'on insiste sur le fait que les prisons en construction en France au début du XXIe siècle disposent d'une douche par cellule, on doit remarquer qu'aucun studio, même le plus modeste, n'est aujourd'hui construit sans ce type de confort. Il est donc abusif de dire que les prisons deviennent de plus en plus confortables, elles ne font que suivre l'évolution de la société, non sans un certain décalage, qui fait que Georg Rusche et O. Kirchheimer [1939] parlaient, dans une optique marxiste, d'un principe de *less eligibility* selon lequel les conditions de confort des personnes incarcérées semblent devoir demeurer toujours un cran au-dessous de celles de la classe travailleuse la plus défavorisée d'un pays — ce qui est loin d'être vérifié dans la plupart des pays occidentaux, où l'on offre aux détenus, en général, des conditions de vie plus décentes que celles des foyers des travailleurs les plus pauvres, on leur propose des activités qu'on ne propose que très rarement aux plus démunis.

Mais les détenus, pour la plupart, ne viennent pas des couches du sous-prolétariat aussi mal logé, mal traité, etc., ils viennent le plus souvent de milieux où l'on est habitué à des conditions de vie supérieures à ce qu'on trouve en détention. Il y a donc bien un décalage entre les conditions de vie des détenus en prison et celles qu'ils connaissaient avant leur incarcération… Et il y a également une tendance à l'amélioration des conditions de vie, en général, dans la société comme en prison. L'organisation de la vie en prison tend à une forme de normalisation : les équipes médicales viennent, depuis 1994, de l'hôpital le plus proche, les détenus se voient reconnaître la possibilité de porter plainte contre d'éventuels abus de l'administration à leur égard (arrêt Marie du Conseil d'État du 17 février 1995), etc. Dans de nombreux pays, on commence à autoriser officiellement une vie sexuelle pour les détenus dans le cadre de ce qu'on appelle en France les *Unités de visite familiale*.

Il y a toutefois des limites à la normalisation : dans la société libre, les hommes croisent librement les femmes, les jeunes côtoient librement les plus anciens, etc. En prison, la séparation est toujours marquée ; elle est nécessaire parce que l'incarcération brise les solidarités sociales habituelles, celles qui permettent, au sein d'un groupe, aux plus puissants de protéger les plus faibles, mais aussi, éventuellement, d'abuser de la situation. Derrière les barreaux, l'être vulnérable, le plus fragile du groupe, se trouve souvent encore plus vulnérable : la famille, les amis, les collègues, les compagnons de galère… ne sont plus là pour le protéger. Et ce dernier serait à la merci des codétenus les plus puissants s'il n'en était séparé par l'administration.

C'est là une des limites majeures à la normalisation des prisons. Il faut empêcher les libres rencontres entre les détenus, pour limiter, autant que faire se peut, les abus de pouvoir qu'exerceraient les plus puissants d'entre eux sur les autres.

comme cela a été tenté aux Pays-Bas dans les années quatre-vingt : une liste d'attente pour les prévenus. Tant qu'il n'y avait pas de place libre en prison, la personne restait sous contrôle judiciaire à l'extérieur. C'est la seule solution qui permettrait d'offrir à une administration pénitentiaire les moyens de développer l'une des politiques pénitentiaires évoquées ci-dessus. Mais la décision relève d'un autre domaine, celui de la politique pénale.

2. Politiques pénales

On entend par politique pénale la façon dont chaque État poursuit et sanctionne les auteurs des différentes infractions constatées sur son territoire. Bien qu'elle ne soit pas la plus fréquente des peines prononcées, la prison ferme demeure une référence majeure de tous les grands systèmes pénaux du début du XXIe siècle. Les politiques pénales ne sont abordées ici que pour autant qu'elles concernent l'enfermement carcéral. Le lecteur intéressé par d'autres développements sur la sociologie des politiques pénales pourra lire avec profit les textes réunis par Claude Faugeron [1992]. Le « Repères » d'Évelyne Serverin [2000] présente une perspective plus large mais indispensable pour comprendre la dynamique de la sociologie du droit.

La dualisation des durées d'enfermement

Dans la plupart des pays démocratiques, et notamment en Europe occidentale, on remarque, à partir des années soixante-dix, un phénomène dit de *dualisation* (ou *bifurcation*) parce que deux mouvements se conjuguent : la diminution du nombre d'enfermements pour de courtes périodes et l'augmentation des enfermements de longue durée. Cette dernière est due à trois facteurs, qui le plus souvent se combinent et renforcent le phénomène.

1. On invente de nouvelles peines plus longues.
2. On condamne de plus en plus de détenus à de longues peines.
3. À durée de peine égale, on garde le détenu plus longtemps enfermé — s'il a été condamné à une peine d'une durée incompressible, ou si on ne lui permet pas de bénéficier d'aménagement de peines (semi-liberté, libération conditionnelle, etc.), ou encore, si l'on ne commue pas en peine « à temps » une peine à durée indéterminée.

La dualisation peut produire des effets d'autant plus redoutables qu'elle passe facilement inaperçue — des personnes non directement concernées, bien sûr — dans la mesure où, par son principe même, elle articule deux effets qui tendent à s'annuler. Sans information autre que le nombre moyen de détenus, que la dualisation tend à stabiliser, on pourrait penser que le système fonctionne de façon relativement régulière, et le regard du public, comme celui des sociologues, pourrait se focaliser sur des évolutions plus visibles, comme aux États-Unis où, entre 1985 et 1995, le nombre moyen de personnes incarcérées a plus que doublé [*cf.* Wacquant, 1998 et 1999].

À partir d'une recherche concernant six pays d'Europe, Sonja Snacken et Hilde Tubex [1996] ont mis en évidence les différents facteurs qui ont contribué à augmenter les durées d'enfermement au cours des dernières décennies du XXe siècle. Elles ont souligné les effets de l'abolition de la peine de mort sur l'augmentation des condamnations à de très lourdes peines, l'introduction de nouvelles peines, plus longues et souvent incompressibles, ayant entraîné un glissement vers le haut de l'échelle des condamnations (une infraction entraînant cinq ans de prison dans les années soixante en impliquait souvent le double dans les années quatre-vingt-dix). Il s'agit à la fois de modification des pratiques des magistrats et de modification des lois. Les parlementaires de la plupart des pays démocratiques ont modifié les codes pénaux en sanctionnant plus sévèrement certains types d'infractions, notamment en matière de terrorisme, trafic de stupéfiants et violences sexuelles. Si l'on considère que les détenus qui sont gardés en prison le plus longtemps sont les personnes les plus dangereuses pour l'ordre social (ce qui n'est peut-être pas toujours le cas), alors on peut dire que la dualisation est conforme à la logique de la défense sociale.

Parallèlement, d'autres types de pratiques, qui pouvaient être sanctionnés par de courtes peines de prison, ont été dépénalisés ; le cas le plus symptomatique est sans doute celui de la Finlande, qui, en modifiant sa législation sur la répression de l'ivresse publique (en 1968), a entraîné une réduction de 40 % de sa population carcérale. En France, parmi les dépénalisations de la fin du XXe siècle, on notera, entre autres, celles de l'adultère, de l'homosexualité ou de l'émission de chèques sans provision. À côté de ces dépénalisations, de nouvelles

L'action des victimes dans le processus de dualisation

L'évolution des lois n'émane pas simplement de la volonté des parlementaires mais, plus largement, du travail de groupes que Becker [1963] a appelés « entrepreneurs de morale ». S'agissant des politiques pénales, on ne peut que constater la montée en puissance, à partir des années quatre-vingt, de la demande de sanctions *rétributives* voire *neutralisantes* qui émane des victimes, ou, plus précisément, de certaines associations de victimes qui s'attachent surtout à des actes peu fréquents mais considérés comme très graves. Ces associations trouvent dans la presse, écrite et audiovisuelle, et principalement dans la presse à grande diffusion, les relais nécessaires au développement de leurs combats. Le système pénal des États-Unis, avec élection des magistrats, favorise le développement des telles pratiques, mais on les voit se développer également en Europe occidentale [Garapon, Salas, 1996 et 1997]. À l'aube du XXIe siècle, l'un des points de mire de ces associations concerne les infractions à caractère sexuel à l'égard des enfants. Cette évolution tient, pour une part, aux effets secondaires des luttes féministes des années soixante-dix, qui visaient à faire reconnaître l'importance des violences sexuelles, d'autre part à l'attention de plus en plus grande portée aux enfants, avec les émotions suscitées par toutes les atteintes dont ils peuvent être victimes. Cela tend à accroître les durées d'enfermement pour ces infractions.

Il ne faudrait pas croire que toutes les victimes d'infraction développent ce même type de sentiment [*cf.* Zauberman, Robert, 1995], en particulier pour les infractions mineures, qui sont aussi les plus fréquentes. On trouve des victimes de cambriolages, par exemple, qui viennent déclarer le méfait à la police mais précisent bien qu'elles font cela « pour l'assurance » et n'aimeraient pas voir les délinquants trop sévèrement punis, certaines précisant même qu'elles seraient prêtes à leur proposer des petits travaux, de jardinage par exemple. Mais ces victimes d'infractions mineures ne se regroupent pas en association, et l'on entend plus souvent dans les médias les propos des responsables d'associations prônant une accentuation de la répression.

À côté des associations *de* victimes existent des associations et services d'*aide aux* victimes (parfois développées à l'initiative de certaines victimes), regroupés en France autour de l'Institut national d'aide aux victimes et de médiation (*Inavem*). Les pratiques de médiation entre victimes et auteurs d'infractions, d'abord apparues au Canada, en Australie et en Nouvelle-Zélande, se développent dans différents pays occidentaux [Marshall, 1998] ; dans une optique réparatrice, on demande aux délinquants de rencontrer leur(s) victime(s), d'entendre leurs griefs, d'expliquer leur geste et de demander pardon ; cela concerne en particulier les actes de violence. Le développement de ces médiations tend à limiter les enfermements pour des infractions jugées bénignes, tout en contribuant à apaiser les tensions entre victimes et agresseurs.

La dualisation est donc renforcée par ses deux extrémités : certains combats d'associations de victimes visent à alourdir les sanctions pour de rares infractions très graves, alors que les pratiques de médiation mises en place autour des services d'aide aux victimes contribuent à limiter les enfermements d'auteurs d'infractions plus fréquentes et jugées moins graves, bien que violentes.

dispositions sont apparues qui rendent plus difficile l'incarcération avant jugement de certaines catégories de population pour des délits qui demeurent passibles de prison ferme. En France, cela concerne les mineurs — pour lesquels une législation spécifique invite à employer la prison beaucoup plus rarement que ce que prévoit le Code pénal pour les majeurs — et, à partir du 1er janvier 2001, toute personne qui « exerce l'autorité parentale sur un enfant de moins de dix ans » (*cf.* chapitre II-2, le paragraphe concernant les femmes en prison).

Alternatives à la prison ou nouvelles peines ?

En même temps, les pouvoirs publics ont cherché à limiter les incarcérations de courte durée en les remplaçant par des mesures dites alternatives, comme le travail d'intérêt général (TIG). Cette nouvelle peine a été instituée en France en 1983. Fait d'autant plus remarquable qu'il est rarissime, la loi fut votée à l'unanimité des parlementaires, députés comme sénateurs. On voit là l'adhésion de la représentation nationale à l'idée que la prison, pour une courte durée, est plus néfaste que positive.

Une interrogation revient de manière récurrente dès qu'il est question d'alternatives à la prison. Quels que soient les dispositifs proposés, on se demande dans quelle mesure ils peuvent permettre de remplacer des emprisonnements, et dans quelle mesure, au contraire, ils viennent s'ajouter à l'arsenal de peines existant, ou remplacer d'autres peines que la prison ferme (prison avec sursis ou amende par exemple). Bernard Jouys, responsable de la mise en place du TIG à Paris, déclarait en 1990 : « La peine de TIG est substitutive une fois sur trois » [1990, p. 74]. Différents éléments tendent à montrer que cela dépend du degré d'engagement du condamné sur le chemin des illégalités : on propose souvent des TIG à des délinquants très occasionnels qui, si ces peines dites « alternatives » n'existaient pas, n'auraient sans doute pas été condamnés à une peine de prison ferme.

À partir d'une analyse des pratiques observées à Bruxelles entre 1993 et 1997 pour les infractions concernant les stupéfiants, Christine Guillain et Claire Scohier [2000] indiquent que « l'existence de précédents [judicaires ou policiers] fait obstacle à l'octroi d'une mesure alternative ». Les infractions antérieurement repérées ont toujours joué un rôle important dans l'administration de la justice pénale, leur rôle est surmultiplié lorsqu'il s'articule avec des peines alternatives, et cela tend à accentuer le processus de dualisation. Voyons le mécanisme. Pour une première infraction qualifiée de légère, le condamné sera soumis à une mesure alternative. S'il suit correctement les contraintes de sa sanction, il contribue à limiter le nombre de détenus de courtes peines. Si, en revanche, il ne respecte pas les impératifs de contrôle associés à la sanction, il se rend alors coupable d'une nouvelle infraction (non-respect d'une décision judiciaire) et la condamnation sera plus sévère. La nouvelle sanction sera encore plus dure — l'enfermement plus long — si, de surcroît, il est mis en cause pour de nouvelles infractions, même bénignes, du fait qu'il a « trompé » la confiance de l'autorité judiciaire. Ainsi, sans qu'aucune infraction considérée comme grave soit commise, l'existence de ces mesures dites alternatives à l'incarcération et la sévérité du système en cas de non-respect des contrôles associés à ces mesures produisent un passage plus brutal de l'absence d'enfermement à l'enfermement de moyenne ou longue durée ; cela renforce donc la dualisation.

Abolitionnismes

En matière pénale, on distingue trois types d'abolitionnismes. Le plus connu est celui de la peine de mort. Il existe aussi un abolitionnisme de la prison ; revendiquant un ancrage dans les réflexions de Victor Hugo, il s'est développé en particulier en Amérique du Nord, notamment dans les milieux quaker — ce point est d'autant plus remarquable que ce sont les mêmes qui, deux siècles auparavant, contribuaient à promouvoir le modèle carcéral. En 1983 s'est tenue à Toronto la première International Conference on Prison Abolition ; le succès de cette réunion (quatre cents participants de quinze pays différents) a assuré la pérennité du sigle : Icopa. Il fut décidé d'organiser une conférence tous les deux ans, alternativement en Europe et en Amérique du Nord. Dès la seconde, des universitaires, en particulier d'Europe du Nord, sont venus étoffer le groupe initial, surtout composé de militants ; leurs analyses ont préparé un changement majeur de stratégie pour la troisième conférence (Montréal, 1987) : le sigle reste identique mais le

« p » ne signifie plus « prison » mais « pénal ». Et c'est ainsi que les Icopa sont devenues les fers de lance du troisième type d'abolitionnisme : il ne s'agit plus seulement d'abolir la prison, mais l'ensemble du système pénal. Le succès des Icopa a en effet conduit leurs militants à abandonner l'abolitionnisme strictement pénitentiaire, comme s'il était illusoire de le défendre en faisant abstraction de l'ensemble du système pénal auquel la prison est, aujourd'hui, intrinsèquement liée dans les pays démocratiques.

Il demeure pourtant des associations militant toujours pour l'abolitionnisme pénitentiaire : International Foundation for a Prisonless Society (créée au Canada par les promoteurs de la première Icopa) et Movement for Alternative to Prisons (en Nouvelle-Zélande) sont parmi les plus connues. Elles font écho à certaines recherches d'anthropologues portant sur des sociétés dont le maillage social est demeuré très fort, et qui parviennent à se développer sans recours à l'enfermement. On peut citer là les travaux de Raymond Verdier, Jean-Pierre Poly et Bernard Courtois [1981].

• *Abolir le système pénal ?* — Les théories abolitionnistes du système pénal, dont les prémices étaient apparues au lendemain de la Seconde Guerre mondiale, ont été développées à partir des années soixante-dix, notamment par plusieurs chercheurs d'Europe du Nord. Elles visent à réformer en profondeur — voire à abolir — l'ensemble du système pénal. La prison, instrument privilégié de ce système, et considérée comme le symptôme de son échec, est condamnée, mais c'est l'ensemble du système pénal qui est en cause.

On lui reproche de fonctionner selon une vision manichéenne (il y a des bons et des méchants, les derniers devant être condamnés), alors que la réalité sociale est plus complexe et moins tranchée. On lui reproche son injustice dans la mesure où il ne traite les infractions que de façon marginale puisque nombre d'entre elles ne sont jamais punies ; qui plus est, ceux qui sont le plus souvent pris sont les plus vulnérables. On reproche à la prison de briser les liens sociaux déjà fragiles, et d'organiser les rencontres entre délinquants. On reproche enfin au système pénal le peu de place laissé aux victimes puisque sa fonction sociale est même de se substituer à elles ; on pense que, dans les cas des infractions les plus fréquentes, les infractions mineures, la rencontre et l'organisation d'échanges entre la victime et l'auteur de l'infraction est souvent bénéfique aux deux.

Les propositions alternatives visent à favoriser et renforcer les modes de contrôle sociaux informels ou plus doux (voisinage, travailleurs sociaux, etc.), les modes de gestion des problèmes par la médiation, l'organisation de rencontres entre auteurs d'infractions et victimes visant toujours à dédramatiser, mettre en place des réparations, expliquer, faire comprendre. En cas d'échec de la médiation, pour les conflits importants, interviendrait la justice civile — dans le double souci de dédommager la victime et d'éviter la stigmatisation d'une sanction pénale. Dans la justice pénale, l'État punit le délinquant parce qu'il a contrevenu aux lois, dans la justice civile, l'État règle un conflit entre un plaignant et un accusé en faisant en sorte que, si une infraction a donné lieu à un dommage au plaignant, celui-ci soit dédommagé par le contrevenant, le dédommagement étant le plus souvent financier. Dans tous les cas, on cherche à développer au maximum la prévention.

Les promoteurs de ces projets sont conscients des deux principales limites de leurs propositions : elles ne traitent pas des actes de criminalité les plus graves (crimes de sang notamment), et mal des infractions sans victime (trafics et fraudes divers, délinquance en col blanc...).

Pour plus de détails, on peut lire en français Hulsman, Bernat de Celis [1982] et en anglais Mathiesen [1974] et Christie [1993]. Les travaux de Thomas Mathiesen sont plus directement dirigés contre la prison. L'apport principal de Nils Christie est d'avoir montré comment l'ensemble de la chaîne pénale est comme vampirisé par les professionnels de la répression. Louk Hulsman a une visée globale, articulant ses projets d'abolitionnisme du droit pénal sur une argumentation tout à la fois pratique, philosophique et morale.

IV / La prison comme société

En prenant quelque recul par rapport aux politiques pénitentiaires et pénales, nous allons envisager maintenant la façon dont il est possible d'analyser l'univers carcéral avec les outils des sciences sociales.

Autant les fictions et les témoignages concernant les prisons sont fréquents, autant les textes d'analyse sociologique sont rares. Il en existe pourtant un certain nombre, mais la charge symbolique de tout ce qui touche à la prison et à la criminalité conduit à une multiplication des points de vue qui en rend difficile une présentation unifiée. Comme le dit Christian Debuyst [1995], la criminologie est une discipline dont les savoirs ne sont pas toujours « cumulatifs ».

Schématiquement, on peut distinguer deux groupes de recherches où sont présentées des analyses sociologiques concernant les prisons : dans le premier, on étudie la prison comme une société, alors que, dans le second, on analyse plutôt la société à travers ce que ses prisons en révèlent.

Au sein du premier groupe, on peut distinguer deux axes, apparus à des époques différentes. Le premier est généralement constitué d'études qui placent les détenus au centre des analyses, parfois dans leurs interactions avec les surveillants. C'est le premier point de vue adopté par les sociologues de terrain qui ont mené des investigations en prison, à partir des années trente. À partir des années soixante, d'autres travaux ont porté sur la structure de l'organisation carcérale. Dans cette perspective, on s'intéresse souvent à la répartition des pouvoirs au sein

John Howard, un précurseur des investigations en prison

Né en 1726 en Angleterre, John Howard est le premier à avoir systématiquement sillonné l'Europe (France, Suisse, Allemagne, Italie, Danemark, Suède, Russie, Pologne, Silésie, Hollande, Flandres, Portugal et Espagne) pour y visiter les lieux d'enfermement, des galères aux maisons de force. Tout commence en 1773, quand, en tant que *high sheriff* du comté de Bedford, il y inspecte les prisons et reste choqué devant une situation paradoxale : des pauvres, déclarés non coupables par la justice, sont gardés en prison parce qu'ils n'ont pas payé leurs frais d'entretien pendant la période où ils étaient enfermés avant leur procès. C'est qu'à l'époque les gardiens tiraient leurs revenus de l'argent que leur donnaient les détenus pour obtenir vivres et biens divers. Pour remédier à cette situation qui le choquait, Howard envisagea de rétribuer les gardiens sur fonds publics. On lui répondit que cela ne se faisait nulle part. Il partit alors s'enquérir des types de rémunérations des geôliers d'autres contrées. Ainsi commencèrent ses périples, dont l'intérêt d'abord porté sur les modes de rémunération des gardiens passa rapidement aux conditions d'enfermement et à la situation des prisonniers. Il fit sept voyages. Entre 1777 et 1792, il en tira quatre ouvrages, au titre plus ou moins identique : *The State of the prisons, in England and Wales, with prelimenary observations, and an account of some foreign prisons and hospitals*. Une réédition d'un mélange du premier et du troisième ouvrage est disponible, traduite en français, depuis 1994. Ce sont les premiers travaux issus d'investigations systématiques à visée réformatrice concernant les prisons. Ses recommandations sont de deux ordres. D'une part, il réclame une plus grande salubrité des locaux et des conditions d'enfermement (séparations enfants/adultes, hommes/femmes, aération, etc.). D'autre part, dans une optique d'amendement et de réadaptation du détenu, il préconise une réclusion sévère (interdiction de boire de l'alcool, de jouer et de se livrer à des pratiques qu'il qualifie de « débauche ») et des formes de travail organisées suivant la force et le « degré de culpabilité » du condamné.

de l'établissement ; les principaux acteurs concernés par ces recherches sont les membres du personnel pénitentiaire.

Le second groupe de recherches est apparu plus récemment, en France à partir de 1975. Ces recherches, dont l'axe principal concerne la place de la prison dans la société, seront développées dans le chapitre V.

Ces différents axes sont apparus successivement, mais l'apparition des plus récents n'a pas fait disparaître les anciens. Après les années quatre-vingt-dix, la plupart des recherches en combinent plusieurs.

1. Adaptations des détenus — interactions en prison

Les plus anciennes — mais aussi les plus nombreuses — recherches sociologiques empiriques sur les prisons sont nord-américaines et ont pour objet les détenus. Ils ont été d'abord étudiés comme on le faisait, dans la première moitié du XXe siècle, pour les peuplades vivant dans un monde isolé. Les caractéristiques de la prison étaient considérées comme des caractéristiques propres à l'espace social où vivent les détenus. Dans cette optique, on s'intéresse à leur adaptation à cet espace, à travers l'étude des interactions en prison.

Une « sous-culture » carcérale ?

L'un des premiers chercheurs en sciences sociales à avoir analysé l'institution carcérale est l'Américain Donald Clemmer [1940]. Il avait intégré, en tant que sociologue, l'équipe de santé mentale d'une prison ; certains détenus étaient informés de ses recherches, tandis que d'autres les ignoraient. Il a travaillé à partir de matériaux divers : questionnaires, entretiens, biographies et récits de détenus. Les données ont été recueillies entre 1931 et 1934, dans un établissement qui n'est pas nommé, et dont l'auteur dit qu'il présente « de nombreuses caractéristiques communes à toutes les prisons américaines ». Après avoir détaillé la composition de la population incarcérée, la constitution des groupes de détenus et les relations sociales en leur sein (phénomènes de leadership, règles de contrôle), il pose la question « quelle est la culture de la prison ? » et y répond en développant le concept de *prisonization* (Jacques Léauté [1968] le traduit par *détentionnalisation*, Guy Lemire [1990] par *prisonniérisation*) qu'il définit comme un processus d'assimilation des valeurs et qui se manifeste au travers des modes de vie propres à l'univers carcéral. Plus l'enfermement dure, plus le détenu incorpore des habitudes spécifiques au mode carcéral : ne plus ouvrir de porte, faire ses besoins devant témoins, ne prendre aucune initiative, etc. À la libération, nombre de ces habitudes acquises en prison vont s'ajouter aux handicaps de l'ancien détenu et rendre encore plus difficile son insertion dans le monde libre.

Gresham Sykes [1958] reprend le même type de concept en étudiant le langage des détenus avec les outils de la

Suicides

Solution du désespoir, le suicide peut paraître une des marges de manœuvre spécifiques des personnes soumises à un contrôle drastique de leur quotidien. Dans une étude socio-démographique, Nicolas Bourgoin [1994] montre pourtant que ce n'est pas tant la pesanteur du contrôle qui pousse à de telles extrémités que la différence perçue par chaque détenu entre ce qu'il vit à l'intérieur et ce qu'il pourrait vivre à l'extérieur. Selon l'auteur, se suicident davantage en prison ceux qui ont « le plus à perdre » par l'enfermement ; il parle alors de « solutions individuellement rationnelles ».

On dénombrait 1 suicide pour 413 détenus en 1997, contre 1 pour 794 en 1987 et 1 pour 1 451 en 1970. Serait-ce à dire que les personnes incarcérées en 1997 avaient plus à perdre que celles des décennies précédentes ?

Beaucoup de détenus avaient, avant leur incarcération, des liens distendus avec leur famille, le monde professionnel, etc. mais s'étaient intégrés, tant bien que mal, au sein de réseaux informels de compagnons d'infortune, souvent sur la base de pratiques marginales constitutives de ce qu'Albert Ogien [2000] appelle des « modes de vie », centrés sur la consommation de substances illicites. L'incarcération sépare brutalement le détenu de ces précaires réseaux de solidarité. De plus, le sevrage forcé de substances psychoactives peut entraîner des troubles qui renforcent les tendances suicidaires.

On compare parfois le suicide en prison et en milieu libre ; cela demande quelques précautions. La rigueur voudrait qu'on prenne, à l'extérieur, des personnes d'âge, de sexe, de situation familiale et professionnelle comparables... à défaut de pouvoir envisager des rapprochements plus étroits. Or, lorsqu'on procède à des redressements statistiques pour mesurer au plus juste la part de l'enfermement lui-même dans le passage à l'acte suicidaire, le coefficient de sursuicidité carcérale diminue fortement, comme l'indiquent Geoffrey Conacher [1992] pour le Canada et Maud Guillonneau [2000] pour la France.

D'un autre côté, une étude sociologique sur les liens entre prison et suicide devrait faire en sorte d'intégrer les suicides des *anciens* détenus (la libération n'efface pas, loin s'en faut, une fois la peine « purgée », les multiples effets de l'enfermement) et ceux des personnes *menacées* d'une incarcération. Sous cet angle-là, la relation entre prison et suicide pourrait se trouver accentuée. La responsabilité de la structure pénitentiaire et de ceux qui y collaborent serait sans doute mise en cause, mais aussi et surtout celle de la société dans son ensemble — à travers le jeu trouble que les citoyens d'un pays entretiennent avec leurs prisons.

Toujours est-il que l'évolution du nombre de suicides est inquiétante. Dans la mesure où ils ont souvent lieu juste après l'incarcération, on peut espérer que les mesures visant à restreindre la détention provisoire pourront limiter d'autant des passages à l'acte aussi désespérés.

linguistique. Ses analyses lui font définir ce qu'il appelle une « sous-culture carcérale », développée pour lutter contre les privations entraînées par l'enfermement ; ce terme deviendra générique dans plusieurs études concernant les détenus — même s'il recouvre parfois des réalités différentes. Sykes, pour insister sur la « solidarité » qui lie les détenus, emploie aussi le terme de « contre-culture », dont il étudie la forme et le rôle à travers l'analyse de l'argot carcéral. Il considère la prison comme une forme particulière de bureaucratie — ses références à Max Weber sont nombreuses —, au sein de laquelle les détenus sont dans une situation ambiguë, tendus entre des logiques collectives qui les conduisent à s'opposer à l'institution, et des logiques plus individuelles qui leur permettent de limiter l'emprise de ce contrôle.

Interactions au sein d'institutions totales

En 1961 paraît *Asiles*, ouvrage dans lequel Erving Goffman analyse différentes interactions en milieu clos. Le terrain étudié est l'hôpital psychiatrique Sainte-Elisabeth à Washington, mais, en articulant micro- et macrosociologie, Goffman élabore des grilles d'interprétation concernant l'ensemble de ce qu'il appelle des « institutions totales ». Il propose le concept d'« adaptations », et distingue les « adaptations primaires » (modalités par lesquelles les « reclus » tentent de respecter les consignes et règles de l'institution) et les « adaptations secondaires » (subterfuges qui permettent au contraire aux « reclus » de se créer des espaces de liberté dans les interstices du contrôle de l'institution). Ce sont ces adaptations secondaires qu'il étudie avec le plus de minutie dans toute la troisième partie du livre qui porte sur la « vie clandestine » de l'institution.

Plusieurs ouvrages reprennent les thèses de Clemmer, Sykes ou Goffman, détaillent des situations particulières et apportent des éclairages complémentaires. C'est le cas par exemple de Terence et Pauline Morris [1963], qui, dans leur étude de la prison anglaise de Pentonville, intègrent à leurs analyses la situation du personnel pénitentiaire, dont ils expliquent comment et pourquoi il subit, lui aussi, les contraintes de la réclusion. La *prisonniérisation* ne concerne plus les seuls détenus, mais on reste dans des analyses de type interactionniste qui portent sur les spécificités du milieu carcéral.

Thomas Mathiesen, dans ses premiers travaux [1965], tente de s'opposer à Sykes. À la force que constitue la solidarité entre prisonniers que soulignait Sykes, il oppose la faiblesse de la situation du détenu ; son livre a pour titre *The Defences of the Weak.* S'appuyant sur une recherche en Norvège, il souligne la façon dont cette faiblesse conduit de nombreux détenus à adhérer de façon manifeste aux codes et valeurs de l'institution, comme pour mettre en évidence l'injustice qui leur est faite par l'enfermement. Mathiesen nomme *« censonousness »* la culture qu'il voit se développer chez de nombreux prisonniers, terme qu'on peut traduire par *autocensure* et qui peut paraître comme un comportement masochiste : au lieu de lutter contre la norme, le détenu y manifeste une adhésion scrupuleuse. D'après la logique du système carcéral (la carotte en cas de bonnes actions et le bâton en cas de trouble à l'ordre interne), cette hypernormativité devrait apporter au détenu des récompenses satisfaisantes ; dans la mesure où les récompenses ne sont jamais à la hauteur de l'adhésion du détenu à la norme, celui-ci pense démontrer à quel point le système est injuste à son égard. Et le détenu s'acharne à toujours se montrer plus obéissant, pour mieux faire ressortir l'iniquité du système. Ce type de comportement conduit l'auteur à rejeter le concept de « solidarité » entre les détenus (puisque chacun d'eux agit individuellement pour montrer l'injustice du système à son égard), et à le remplacer par celui de « compacité » du groupe (puisque la majorité des détenus se comporte de façon similaire).

Guy Houchon [1969], à partir d'une recherche effectuée en Belgique, reprend ce terme de compacité de groupe, et affine l'analyse des modalités d'adhésion des détenus aux codes et valeurs de l'institution. Mathiesen avait élaboré ses analyses (et en particulier le concept de comportements « hypernormatifs » à vocation de dénonciation de l'injustice faite aux détenus) à partir d'une trentaine d'entretiens. Houchon a disposé de moyens d'investigation différents : deux fois six mois d'observation participante parmi les détenus d'une prison belge — le cas est unique. En confrontant les résultats des deux chercheurs, on peut se demander dans quelle mesure Mathiesen n'a pas été, plus qu'il n'a pu le penser, utilisé comme porte-parole par des détenus qui cherchaient à dénoncer l'injustice qui leur était faite. Disposant de beaucoup plus de temps sur le terrain et de moyens d'investigation plus fins, Houchon a montré que l'adhésion aux normes, de la part des détenus, était essentiellement circonscrite au contexte de la recherche de libération anticipée. En dehors de cette perspective, certes fondamentale pour de nombreux détenus, il constate que, dans la plupart des domaines de la vie carcérale, les détenus développent au contraire ce que Goffman dénommait des « adaptations secondaires » ou Sykes les signes d'une « contre-culture » (c'est parfois proche mais n'est pas équivalent), c'est-à-dire qu'il constate « une culture dont la fonction essentielle est de lutter contre les privations » ; il suggère donc, pour parler des comportements dictés par la recherche d'une libération anticipée, d'utiliser le concept de culture « pseudo-normative ».

En Grande-Bretagne, toujours dans cet axe qui envisage la prison comme un espace spécifique, Nigel Walker propose, en 1987, un texte dans lequel il examine différents effets de l'enfermement sur les détenus parmi ceux qui sont le plus souvent dénoncés (santé physique, mentale, suicides, vulnérabilité, etc.), il conclut que le bilan entre effets positifs et négatifs n'est pas forcément au détriment de l'institution dont la responsabilité globale est rarement prouvée ; il souligne que l'administration pénitentiaire a souvent un rôle actif de prévention dans ces différents domaines. Pour étayer sa démonstration, dont il précise qu'elle ne concerne que des détenus enfermés « dans des conditions de réclusion ordinaires », dont il exclut les cellules d'isolement, il rejette le concept d'institution totale de Goffman, responsable selon lui d'assimilations trop faciles entre simple enfermement et camp de concentration. Il invite les détracteurs de la prison à ne pas jeter le bébé (l'enfermement pénitentiaire) avec l'eau du bain (les problèmes particuliers que peuvent poser certains types d'enfermements).

En France, l'ouvrage de Corinne Rostaing, *La Relation carcérale* [1997], combine plusieurs logiques d'approche, mais c'est sans doute le travail récent qui se réfère le plus directement à l'interactionnisme goffmanien. Menée dans plusieurs établissements, son étude propose une typologie croisée des logiques d'interaction entre détenues et surveillantes, selon que les premières acceptent ou rejettent la participation à la logique pénitentiaire, et selon que les secondes inscrivent leur travail dans une logique « missionnaire » ou « statutaire ». Voici le tableau des quatre types de relations identifiés par l'auteur (voir page suivante).

Comme Terence et Pauline Morris [1963], Corinne Rostaing a fait autant porter ses analyses sur les personnes enfermées que sur celles qui ont pour tâche de les surveiller. Son choix

		Logiques professionnelles	
		Statutaire	*Missionnaire*
Rapport des détenues à la prison	Participation	Relation normée	Relation personnalisée
	Refus	Relation conflictuelle	Relation négociée

d'étudier des prisons pour femmes lui permet d'observer des situations d'opposition moins tranchées que ce qu'on trouve souvent dans les prisons pour hommes.

Il est une question que Clemmer, Sykes et Mathiesen se sont posée sans y apporter de réponse claire, c'est celle de l'origine de la « culture » ou « sous-culture » carcérale qu'ils ont mise au jour. Dans quelle mesure est-elle le fruit de l'enfermement ? dans quelle mesure est-elle liée à la culture du milieu où baignait l'individu avant d'être détenu ? L'orientation générale de leurs recherches les a conduits à privilégier plutôt la première option, ce qui faisait véritablement de la prison un objet autonome qu'il était envisageable d'étudier en lui-même.

Pour John Irwin et Donald Cressey (1962) au contraire, il n'y a pas de culture pénitentiaire *sui generis* mais une importation, en prison, de différentes cultures des milieux de la délinquance. La prison n'est qu'un cadre d'expression, voire de renforcement et d'adaptation, de cultures importées de l'extérieur.

La thèse qui réunit Clemmer, Sykes, Mathiesen est dite *structuro-fonctionnaliste* : l'explication de la sous-culture est liée au fonctionnement de la structure carcérale, et les différences entre sous-cultures tiennent aux différences de fonctionnement et de structure (selon les prisons). La thèse défendue par Irwin et Cressey est dite *diffusionniste* : l'explication de la sous-culture est liée à la diffusion, en prison, d'une culture acquise à l'extérieur, dans le milieu d'origine, dans le pays considéré, etc.

Existe-t-il une « sous-culture » des surveillants ?

L'image publique des surveillants est surtout celle d'agents du maintien de l'ordre dont la caractéristique est d'être « antidétenus ». Ceux dont la fonction est de garder les personnes enfermées, les « mater » et éventuellement leur tirer dessus sont l'objet d'une image parfois négative, qui peut agir, dans certaines circonstances, comme un stigmate (« On ne rêve pas, quand on est petite fille, d'épouser un maton ! », m'a dit un jour en riant une jeune femme dont le mari venait de recevoir ses galons de surveillant-chef).

Les analyses sociologiques et de psychologie sociale ([Klofas, Toch, 1982], [Kauffman, 1988], [Chauvenet, Orlic, Benguigui, 1994], [Lhuilier, Aymard, 1997]) convergent pour démontrer que l'image du surveillant qui voudrait que celui-ci soit systématiquement opposé aux détenus est un mythe qui repose sur une double ignorance croisée. Il y a, en fait, *deux* sous-cultures chez les surveillants : l'une, majoritaire, est sous-tendue par une approche des détenus plutôt sympathique — au sens étymologique du terme : qui partage la souffrance —, et l'autre, très minoritaire, développe une forme d'hostilité à leur égard. La communication directe est à ce point difficile entre les tenants de l'une et de l'autre qu'une méconnaissance croisée conduit les tenants de la sous-culture majoritaire à se penser des exceptions, et les tenants de la sous-culture minoritaire non seulement à se croire majoritaires, mais encore à considérer que leur point de vue est partagé par l'ensemble de leurs collègues. En conséquence de quoi, s'estimant représentants légitimes de leur corporation, ils sont les seuls à exprimer leur point de vue à haute voix, en public. À l'inverse, les surveillants les plus nombreux, beaucoup moins hostiles aux détenus que cette image publique ne peut le faire penser, se sentent en minorité et hésitent à contrecarrer publiquement cette représentation.

L'exemple qui illustre peut-être le mieux cet état de fait est l'étonnement de la majorité des jeunes surveillants qui trouvent en détention des personnes dont ils disent qu'elles ressemblent à des membres de leur famille alors qu'ils croyaient rencontrer des criminels endurcis dont les comportements différeraient radicalement des personnes qu'on rencontre à l'extérieur.

Il y a donc une dichotomie entre le discours public, principalement exprimé par une minorité de surveillants, qui véhicule des idées selon lesquelles les détenus sont des individus hors norme, et le discours privé de la plupart des surveillants qui considèrent les détenus comme des personnes à qui il est arrivé un accident qui pourrait arriver à bien d'autres.

Beaucoup de surveillants mettent du temps avant de réaliser l'ampleur et les effets de cette double ignorance croisée. Elle leur masque une des réalités sociologiques de la prison : ce n'est pas un lieu où peut se retrouver « n'importe qui ».

En résumé, la sous-culture minoritaire des surveillants (qui est la plus présente dans les discours publics, énoncés par exemple par les syndicalistes les plus véhéments, ou devant des journalistes) repose sur l'image d'une prison pleine de criminels dangereux, la sous-culture majoritaire (mais surtout exprimée en privé) repose sur l'image d'une prison pleine de personnes qui pourraient ressembler à tout le monde… Et l'opposition entre les deux masque une réalité peut-être difficile à admettre : le profil sociologique des détenus est particulièrement typé (*cf.* chapitre II.2).

L'homosexualité en prison : un cas d'école ?

L'homosexualité en prison est une question à la fois récurrente et taboue (sait-on d'ailleurs que l'expression *gay* vient de l'argot carcéral américain des années cinquante ?). Guy Houchon [1969] est un des premiers sociologues à l'avoir abordée, et l'a traitée en essayant de départager, à son propos, les tenants des thèses diffusionnistes et structuro-fonctionnalistes. Comme on pouvait s'y attendre, ses conclusions renforcent et affaiblissent autant chacune des thèses univoques. Houchon valide les thèses structuro-fonctionnalistes en soulignant l'importance de la durée d'enfermement et surtout de la promiscuité. Mais il confirme aussi les thèses diffusionnistes lorsqu'il remarque l'importance de l'homosexualité chez les détenus politiques — si celle-ci varie avec le milieu d'origine des reclus, c'est bien qu'il y a un lien entre les deux, donc une diffusion de l'homosexualité depuis l'extérieur —, ainsi que les difficultés à en parler chez les criminels aguerris (issus de milieux où la virilité doit s'afficher). Il remarque l'influence de la structure des âges (homosexualité plus forte chez les jeunes à la libido plus importante) : est-ce un effet de structure ? Sans doute, mais il s'agit aussi d'une caractéristique que le détenu possédait avant son incarcération. Sage, Houchon conclut : « Loin de vouloir opposer les deux hypothèses, nous pensons qu'elles peuvent être utilisées conjointement afin de rendre intelligibles au maximum les faits sur le plan de la culture carcérale. »

Les questions concernant la sexualité en prison sont également développées par Lesage de La Haye [1978] et Welzer-Lang, Mathieu, Faure [1996].

2. La prison comme organisation

Dans une autre optique, au lieu de prendre la prison comme une donnée, en s'intéressant à ce que produit l'enfermement, principalement sur les détenus, l'analyse peut porter directement sur le fonctionnement de l'institution. Cette optique s'accompagne d'un déplacement du regard vers d'autres acteurs ; on s'intéresse souvent moins aux détenus (en particulier aux différences entre eux) et davantage aux différents groupes de personnes travaillant en prison et à la structure de répartition des tâches et des pouvoirs. Dans quelques-unes de ces recherches, les détenus ne sont que des acteurs de la prison parmi d'autres, ailleurs on les considère de façon très généralisante, comme constituant un bloc uniforme.

L'un des ouvrages de base de ce type d'approche est paru en 1977 sous le titre *Stateville, The Penitentiary in Mass Society*. À partir d'une étude empirique, James B. Jacobs y propose une analyse historico-sociologique du cas d'une prison de haute sécurité de l'Illinois dont les violences internes ont défrayé la chronique pendant plusieurs décennies au milieu du XXe siècle. De façon méthodique, l'auteur décortique et analyse les marges de manœuvre et les actions des différents « *interest groups* » au sein de l'établissement. Il montre comment, à certaines époques, l'émergence de nouveaux groupes et de nouvelles formes de solidarité interne favorise une modification des rapports de forces qui conduit à une redistribution du pouvoir au sein de l'établissement. Parmi ces nouveaux groupes de pression, on peut retenir l'exemple de la presse ; le fait que certains journaux fassent écho aux points de vue des détenus et de leurs proches ainsi qu'aux remarques de la direction de la prison, a entraîné une perte de pouvoir des surveillants. Ces derniers n'ayant pas pareil soutien, leur sentiment commun devenait : « Moins la prison est visible, mieux c'est. » Ces modifications concernaient l'image de la prison à l'extérieur mais aussi son fonctionnement interne dans la mesure où elles ont été à l'origine de conflits concernant le choix des journaux à distribuer aux détenus et l'étendue de la censure à effectuer.

Une typologie synthétique de l'évolution de la répartition du pouvoir en prison est dressée par Israel Barak-Glantz [1981]. Il distingue quatre modèles. Dans le modèle « autoritaire », dominant jusqu'au milieu du XXe siècle, le directeur contrôle tous les pouvoirs. Après la Seconde Guerre mondiale, apparaît le modèle « bureaucratique-légal » dans lequel le pouvoir est contrôlé par le service des prisons (au niveau de chaque État), le directeur en étant un administrateur ; l'autorité des surveillants est alors limitée par des cadres administratifs contraignants. Au même moment apparaît le modèle des « pouvoirs partagés » dans lequel les détenus, parfois soutenus par de nouveaux acteurs qui ont investi la prison dans une logique de traitement thérapeutique, se voient reconnaître une part du pouvoir de décision concernant la vie en prison. Dans le prolongement de ce modèle apparaît le « contrôle par les détenus ». Selon Barak-Glantz, on passe du modèle des « pouvoirs partagés » à

Les systèmes carcéraux américains

De même que les travaux de John Howard peuvent être considérés comme des protorecherches sur les effets de la prison sur les détenus, Beaumont et Tocqueville sont parmi les premiers à avoir mené des investigations et produit des écrits sur les différents systèmes pénitentiaires. Ils l'ont fait dans une optique comparatiste.

À la différence d'Howard, Beaumont et Tocqueville se soucient peu de la personne incarcérée. Ils critiquent même ouvertement les philanthropes, particulièrement nombreux à s'intéresser aux prisons en cette première moitié du XIXe siècle [1833 : 80]. Ils ne croient guère à l'amendement qu'on peut attendre de la prison. Leur point de vue est plus pragmatique. La prison ne peut pas changer en profondeur les individus, mais elle doit les conduire à changer leurs habitudes. L'objectif initial du voyage qui a conduit ces deux jeunes magistrats à parcourir les États-Unis pendant un an environ était de comparer l'efficacité des systèmes pénitentiaires.

Tocqueville en ramène les matériaux qui lui permettront à la fois de réfléchir sur les systèmes pénitentiaires et d'écrire *De la Démocratie en Amérique*, ouvrage dans lequel il pare de beaucoup de vertus le libéralisme économique, dont il prédit et souhaite un développement rapide en Europe. Pour ce qui concerne les prisons, il critique le système de l'*entreprise générale* qui se développait en France et par lequel l'État confiait à des entrepreneurs privés la gestion des détenus enfermés dans les maisons centrales, transformées en véritables manufactures disposant de main-d'œuvre à fort bon marché. Il vante au contraire le strict contrôle que l'idéologie quaker impose aux détenus d'outre-Atlantique, bien plus propice que le système français, selon lui, à les conduire à adopter une conduite honnête.

Il est en cela fidèle aux thèses libérales : l'État prend en charge d'une main ferme la gestion des comportements déviants, et laisse en revanche le marché et l'entreprise privée se développer le plus librement possible dans une société débarrassée de ses membres les plus susceptibles de troubler la vie sociale.

---

celui du « contrôle par les détenus » quand ces derniers ne sont pas unis autour d'une seule dynamique de revendication (qui les conduit à discuter avec l'administration), mais sont divisés en bandes rivales puissantes : les principales négociations se font alors entre les caïds de chaque bande, l'administration n'ayant guère de marge de manœuvre. Cette situation peut sembler paradoxale, il n'est pas ordinaire de voir un groupe acquérir plus de pouvoir en se divisant (on pourrait penser au contraire que l'administration se renforce quand les détenus se divisent) ; en fait, le processus principal est l'augmentation du pouvoir des détenus, et celle-ci devient manifeste (au point que Barak-Glantz considère qu'on change de modèle) quand ces derniers peuvent se permettre de ne plus montrer un front uni et même de laisser apparaître les intérêts parfois divergents de chacun de leurs clans.

Les modèles des « pouvoirs partagés » et du « contrôle par les détenus » se rencontrent surtout aux États-Unis, où les gangs sont constitués sur la base d'oppositions nées hors de la prison.

L'année suivante, Charles Stastny et Gabrielle Tyrnauer [1982] proposent un complément de cette analyse historico-sociologique de l'évolution des rapports de pouvoir en milieu carcéral dans un ouvrage intitulé *Who rules the joint ?*, titre qu'on peut traduire par « Qui dirige la taule ? ». Comme Barak-Glantz, ils distinguent quatre modèles successifs qui voient se multiplier les sources de pouvoir. Dans le premier, qu'ils dénomment la « prison des Lumières », on a affaire à un pouvoir unique ; le directeur est tout-puissant et l'objectif consiste à amender les détenus. Dans le deuxième modèle, la « prison entrepôt », il ne s'agit plus que de neutraliser les personnes enfermées, et le pouvoir devient bicéphale, partagé entre la direction et la société des détenus, à qui sont délégués certains aspects de l'organisation interne. Dans le modèle suivant, la « prison traitement », un troisième groupe d'acteurs s'immisce et dispute le pouvoir aux directeurs et aux détenus : les agents spécialistes du traitement (médecins, psychologues, éducateurs, etc.). Dans le quatrième et dernier modèle, dénommé « interactif », le pouvoir devient polycentrique du fait de l'ouverture de la prison à la société extérieure (avocats, magistrats, intervenants, syndicats divers, organisations des droits de l'homme, etc.), et sa structure intérieure reproduit les divisions de la société extérieure en classes, groupes ethniques, idéologies, etc.

Cette typologie est complémentaire de celle de Barak-Glantz. Elle paraît plus faible pour les explications du premier modèle, dans la mesure où elle est davantage appuyée sur les fonctions *attribuées* à la prison que sur ce qu'on connaît de la réalité de la vie carcérale (un peu comme *Surveiller et punir*). Mais cette typologie montre de façon intéressante comment, en particulier dans les établissements à sécurité renforcée, le pouvoir des « soignants » dans le modèle de la « prison traitement » peut se trouver pris en tenaille entre la force de la direction et celle de la société des détenus. Et surtout, l'analyse de

Infantilisation ou acceptation du caïdat ?

De façon schématique, on peut opposer deux types de gestion des personnes incarcérées, lourds de risques tous les deux.

Le contrôle très tatillon de tout ce qui se passe en prison rend la vie insupportable aux détenus (et de plus ne les prépare pas à prendre ensuite des initiatives ou des responsabilités dans la société extérieure). Le mode de gestion opposé consisterait au contraire à leur donner une grande liberté d'initiative en prison. Mais, dans la mesure où ces initiatives impliquent nécessairement les codétenus, cela peut conduire à livrer les plus faibles au bon vouloir et aux agissements des plus forts, qui posent en caïds et font régner leur loi en détention.

Ces deux modes de gestion ne rencontrent-ils pas les limites inhérentes au principe même de l'incarcération ? L'intention de faciliter les initiatives des détenus pour préparer leur réintégration dans la société se heurte à la cohabitation imposée entre personnes qui ne se sont pas librement liées : on force les plus faibles à rester en relation avec les plus forts (alors qu'à l'extérieur ils auraient davantage de possibilités d'échapper à cette domination)...

On voit aussi la difficulté et les limites d'une gestion visant à établir une véritable séparation entre catégories de détenus. Cette mesure est pourtant très strictement respectée pour deux catégories de détenus (les femmes et les mineurs, qui ne sont enfermés qu'entre eux, sans aucune possibilité de contact avec les autres). Elle est également appliquée par les politiques d'isolement pour les détenus les plus vulnérables ou les plus susceptibles de provoquer la colère des codétenus du fait de leurs activités passées : activités professionnelles pour les anciens fonctionnaires chargés du maintien de l'ordre, activités criminelles pour les assassins d'enfant par exemple. S'il est indispensable de surprotéger (puisqu'on surexpose aux risques), comment le faire sans infantiliser ?

Stastny et Tyrnauer intègre, dans le quatrième et dernier modèle, des acteurs extérieurs à la prison qui sont de plus en plus importants dans la plupart des pays démocratiques (et même de certains pays non démocratiques, par exemple par le biais de l'association Amnesty International).

Guy Casadamont [1984] a souligné un paradoxe : les surveillants sont dominants sur le plan disciplinaire alors qu'ils sont au « degré zéro de l'autorité hiérarchique ». Il définit ainsi « l'autorité spécifique au champ carcéral : croisement du dominé hiérarchique et du dominant disciplinaire ».

Ancien cadre de l'administration pénitentiaire canadienne, le criminologue Guy Lemire propose différentes grilles d'analyse de l'univers carcéral. Après un article qui en annonce le cadre de référence (« La libération conditionnelle : le point de vue de la sociologie des organisations », 1981), son ouvrage majeur — référence principale des chercheurs qui s'inscrivent dans ce courant, mais qui ne se limitent pas à l'approche organisationnelle — est paru en 1990 sous le titre *Anatomie de la prison.* Il emprunte à Amitai Etzioni [1975] la classification des organisations en trois types de pouvoir : coercitif, persuasif et rémunérateur.

À partir d'une démarche empirique, j'ai montré comment et pourquoi les directeurs disposent en France de plus grandes marges de manœuvre dans un établissement récent que dans un ancien, principalement du fait que les syndicats de personnel de surveillance n'ont pas encore eu le temps d'organiser un contre-pouvoir puissant. D'autre part, on voit que les responsables administratifs disposent d'une situation d'autant plus favorable que le centre pénitentiaire est grand, de par les positions charnières qu'ils y occupent, alors qu'ils sont souvent cantonnés à de simples tâches d'exécution dans les petits établissements où tout le monde se connaît et où personne n'a besoin d'agents administratifs pour transmettre telle ou telle consigne, telle ou telle revendication [Combessie, 1998].

L'axe d'analyse de la prison comme système jouit, en France notamment, de l'intérêt marqué que lui porte le personnel d'encadrement de l'administration pénitentiaire (parmi les mémoires de directeurs de prison stagiaires qui s'inscrivent dans une approche sociologique, nombreux sont ceux qui empruntent à la sociologie des organisations). Ce succès est peut-être en partie lié au fait que le regard y est souvent porté sur les professionnels de la prison, sur leurs pratiques et sur leurs marges de manœuvre. Mais il est dû sans doute aussi au caractère directement opérationnel de ces analyses.

Ce type d'approche conduit les sociologues à étudier les rapports de pouvoir en prison. S'agissant du personnel de surveillance, Antoinette Chauvenet, Françoise Orlic et Georges Benguigui ont mis en évidence [1994] ce qu'ils appellent la « double contrainte » qui pèse sur le métier de surveillant. Il s'agit d'une contradiction entre les fins et les moyens. On demande aux surveillants de maintenir les détenus au calme et d'éviter les troubles. Mais on leur demande aussi de parvenir à ces fins en s'interdisant toute relation avec les détenus autre que strictement instrumentale, à la fois pour des raisons de contrôle bureaucratique et de sécurité. La situation est résumée par les propos d'un surveillant : « Si on applique le règlement intérieur, c'est l'émeute à l'étage tous les jours ; si on ne l'applique pas, ça va, tout va bien, mais, s'il y a un problème, on est tout seul, hors la loi » [1994, p. 123].

En dehors des détenus, quels sont les principaux « groupes d'intérêt » que l'organisation d'une prison permet de distinguer ? S'inspirant de ce que Statsny et Tyrnauer avaient développé du quatrième modèle, Guy Lemire en identifie huit [1990, p. 137-138]. Pour ma part, observant des situations de forte connivence entre les membres de certains groupes, liées à la radicalisation des clivages quand on s'intéresse aux effets que produit la prison à l'extérieur, j'ai vu émerger quatre groupes principaux : 1 / l'équipe de direction, 2 / l'ensemble du personnel en uniforme chargé en priorité du maintien de l'ordre en détention et d'empêcher les évasions, 3 / l'ensemble des fonctionnaires, vacataires, bénévoles et intervenants divers qui sont en prison pour « le bien » des détenus, 4 / l'ensemble des agents pénitentiaires qui n'ont, dans leur travail, aucun contact direct régulier avec les détenus (secrétaires, comptables, techniciens d'entretien, etc.) [Combessie, 1996, p. 45-50].

En représentant sur un axe vertical la distribution des quatre groupes d'agents en fonction des capitaux que détiennent leurs membres (scolaire, rémunérations, etc.) et sur un axe horizontal la représentation sociale des tâches qui leur sont imparties (surveillance et le maintien de l'ordre, qui sont souvent vus comme infamants, et préparation à la réinsertion, beaucoup plus facilement légitime dans une logique humaniste), on obtient le graphique suivant :

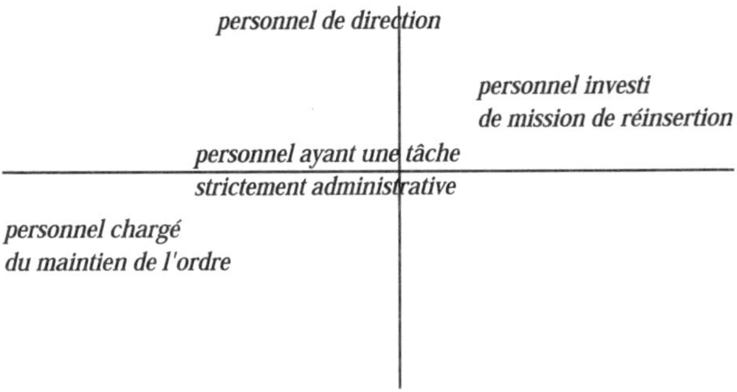

La distance qui sépare, tant sur le plan hiérarchique que sur celui des capitaux détenus, les surveillants et le directeur d'une prison masque une homologie de situation qu'il ne faut pas méconnaître. La double contrainte qui pèse sur la fonction de surveillant se répercute, presque point par point, sur la direction de chaque établissement. Tant qu'aucun incident ne se produit, on laisse le directeur gérer la prison comme il l'entend. Au moindre signe de tension ou de trouble dans une prison, on se retourne contre celui dont les méthodes de gestion n'avaient souvent permis de maintenir le calme au sein de la détention qu'en dérogeant aux règles strictes du Code de procédure pénale qui, quoique flou, n'en établit pas moins une très forte limitation des relations humaines entre personnel et détenus, relations pourtant indispensables à toute vie sociale.

La prison au sein du système administratif

Bien qu'elles prennent comme terrain d'analyse un espace social strictement circonscrit, les recherches qui s'inscrivent dans une logique de sociologie des organisations sont attentives aux effets produits par les relations entre l'organisation étudiée et d'autres entités, qui peuvent être de simples organisations partenaires ou des superstructures. Dans une optique tout à la fois sociologique et historico-politique, différents chercheurs ont développé des analyses qui considèrent autant la prison comme une société que la place de la prison dans la société.

Mettant en regard les revendications syndicales des surveillants et les directives gouvernementales et administratives, Jean-Charles Froment, dans une recherche à la jonction entre la sociologie et la science politique [1998], s'est intéressé à l'évolution du métier de surveillant entre 1958 (date d'une importante réforme de la profession) et 1998. Dans ses conclusions, il établit un parallèle entre les rapports qui unissent les surveillants et l'État et ceux qui concernent les policiers et l'État, les uns comme les autres étant partagés entre deux logiques contradictoires, d'ordre public et de réinsertion, voire d'éducation. Observant un parallèle entre les évolutions de l'État et celles de la police, Jean-Jacques Gleizal [1993] indique que cette dernière est devenue le « laboratoire d'un nouvel État » ;

Froment propose de transposer la formule au service public pénitentiaire.

L'analyse socio-historique de l'influence des membres de la Société générale des prisons sur la politique pénale de la IIIe République a permis à Martine Kaluszynski [1998] de montrer que la législation concernant la libération conditionnelle (1885) et les motifs d'aggravation ou de diminution des peines (1891) ont été fortement marqués par « un réseau associatif d'action publique » constitué d'hommes qui ont trouvé dans cette forme de militantisme concernant les prisons l'occasion d'une valorisation de capitaux relevant de domaines très divers (médical, juridique, philanthropique, religieux) qui leur permettait de transcender les clivages politiques : « De 1877 à 1900, toutes les tendances sont à peu près représentées. »

Une recherche de Marie Vogel [1998], menée à partir des rapports de l'Inspection générale des services administratifs concernant les prisons, envisage les transformations de l'administration centrale, entre 1907 et 1948 : « Les rapports individuels des inspecteurs généraux [...] mettent en relief les manières concrètes dont s'articulent au quotidien les relations entre les différents partenaires. » Compte tenu de la période étudiée, l'auteur analyse le transfert du contrôle des prisons entre différentes administrations, depuis le ministère de l'Intérieur jusqu'à l'administration pénitentiaire, dans le cadre de ce qu'elle appelle une « recomposition des équilibres d'ensemble ». On a affaire, là encore, à une analyse de type sociopolitique de la place de la prison au sein de l'administration, et, de façon plus vaste, au sein de l'État. Cela nous conduit au second groupe de recherches sociologiques, qui porte moins directement sur la prison elle-même que sur la société au sein de laquelle elle est située.

V / La prison dans la société

En 1975, Michel Foucault, avec *Surveiller et punir*, ouvrait une nouvelle voie. Même s'il parlait moins de la réalité carcérale que du projet pénitentiaire, le lien qu'il établissait entre la prison et la société qui la sécrète est un axe d'analyse pertinent, fécond et surtout novateur.

Au cours des années quatre-vingt, différents travaux se sont placés dans cette nouvelle perspective d'analyse de la prison. Celle-ci n'est plus considérée comme un espace social autonome. On insiste au contraire sur le lien entre la prison et l'extérieur et sur l'analyse de la société par rapport à la prison et *vice versa*. La question était apparue dans quelques études sur les interactions en prison (*cf.* chapitre IV-1), les tenants des thèses diffusionnistes ayant souligné différents liens entre ce qui se passe à l'extérieur et ce qui se passe en prison. On la trouvait également abordée dans les études relevant de la science politique ou de la science administrative puisqu'elles s'intéressaient à l'interface entre la prison et l'État (*cf.* chapitre IV-2). Mais cette question du lien entre la prison et la société devient, avec cet axe de recherche, à la fois centrale et double, puisqu'il s'agit autant des effets de la société sur la prison que des effets de la prison sur la société.

Les différentes analyses portant sur la récidive trouvent naturellement leur place dans ce chapitre dans la mesure où le projet pénitentiaire et les réflexions sur les pratiques carcérales sont en permanence traversés par cette recherche d'un mode de traitement des facteurs de troubles à l'ordre public qui permette de limiter, autant que faire se peut, les risques sociaux engendrés par l'urbanisation et l'industrialisation de la société moderne. Qu'il s'agisse de l'approche qu'on peut appeler « classique » qui considère la récidive comme un échec du système carcéral, ou de celle qu'on a dénommée « globale » et qui invite à s'interroger sur le risque pris de ne pas envoyer en prison des personnes qui ne présentent peut-être pas de danger immédiat pour l'ordre public, les différentes approches de la récidive révèlent bien la place que les sociétés modernes entendent donner à la prison en leur sein.

1. La prison comme révélateur de la société

Quand on considère la prison comme un reflet de la société dans laquelle elle est insérée, ce reflet peut être symétrique ou inversé. Dans ce dernier cas, ces travaux rejoignent les analyses juridiques : on peut remarquer, par exemple, que, dans une société démocratique, tout ce qui n'est pas expressément interdit par une loi ou un règlement est autorisé, alors qu'en prison c'est exactement l'inverse (tout ce qui n'est pas expressément autorisé par la loi ou un règlement interne est interdit).

D'autres grilles de lecture fonctionnent sur le mode de la translation, et montrent comment les rapports qui s'établissent en milieu carcéral sont la reproduction des rapports entre le corps social et la prison. La situation de domination, dans tous les domaines, où sont tenus les détenus, est à l'image de la position de la prison à l'extrémité de la chaîne pénale, éventuellement même assimilée à une poubelle de la société.

La question des relations entre la prison et la société avait été approchée dès les années soixante, mais elle avait été abordée comme un phénomène marginal, décrit en annexe de l'analyse principale qui relevait soit de l'approche *interactions en prison*, soit de l'approche *la prison comme système*, ou bien alors il s'agissait de réflexions théoriques [Collectif, 1960].

À partir de la fin des années quatre-vingt, quelques travaux empiriques s'inscrivent dans cette perspective. Aux États-Unis, c'est une période de hausse très forte du nombre des détenus. Les projets de construction de prisons se multiplient. Pour préparer ses arguments et limiter l'hostilité des riverains de ces nouvelles prisons, un sénateur californien demande qu'on étudie l'impact d'une prison sur la criminalité environnante et sur

De l'organisation des prisons à sa place dans la société : textes précurseurs

Dans un recueil collectif intitulé *Theorical Studies in Social Organization of the Prison* paru à New York en 1960, deux sociologues proposent une articulation entre l'analyse de ce qui se passe en prison et dans la société environnante.

Lloyd Ohlin montre comment les pratiques pénitentiaires sont sous-tendues par les conflits entre deux groupes d'agents sociaux, les uns mus par une « idéologie de protection », les autres par une « philosophie du travail social ». Il analyse les réseaux que chaque groupe est susceptible de mobiliser et constate que la vie dans une prison change considérablement suivant le groupe qui est en position de force.

George Grosser analyse les influences de l'environnement social sur le fonctionnement de la prison en tant qu'entreprise de service (participant au maintien de l'ordre de la société) ; il établit en conclusion un parallèle avec la place de l'hôpital, autre entreprise de service, dans la société. L'année suivante paraît *Asiles* ; dans la courte dernière partie du livre, Goffman envisage aussi l'hôpital psychiatrique comme une entreprise de service, et propose une comparaison avec un garage de réparation automobile. Moins connue que les concepts d'institution totale et d'adaptations premières et secondaires des reclus, l'approche de ces institutions closes comme des entreprises de service produit deux effets. D'une part, l'effet de la comparaison est d'atténuer leur spécificité (l'objectif punitif, l'enfermement coercitif, etc.), d'autre part elle conduit à les analyser dans leur articulation avec les espaces sociaux où elles sont insérées. On quitte ainsi à la fois le point de vue de l'approche interactionniste interne et celui de la prison comme système. L'institution est alors considérée comme une microsociété (éventuellement interchangeable avec une autre) dont l'analyse doit se faire à partir des interactions avec les espaces sociaux environnants.

la valeur des patrimoines fonciers. Ce sera le rapport Hawes [1985] ; il s'agit d'une collecte de données originale, à l'interface entre la prison et l'environnement. En concluant à une baisse de la criminalité et une hausse de la valeur des patrimoines fonciers aux environs des prisons, ses résultats sont conformes aux besoins d'une opération de propagande, mais contestables sur le plan scientifique dans la mesure où ils concluent à une tendance globale, alors que les données recueillies présentent des cas qui contredisent cette tendance, cas dont la logique interne n'est pas analysée.

Les analyses internes articulées avec l'extérieur

Plusieurs analyses proposées par Antoinette Chauvenet inscrivent la prison dans les rapports avec l'extérieur. Dans « Guerre et paix en prison » [1998], elle montre comment la prison est un dispositif guerrier par lequel l'État élimine, de façon plus ou moins temporaire, ses « ennemis de l'intérieur ». Dans ce texte qui articule microsociologie et macrosociologie, de nombreuses interactions dans la vie quotidienne en prison (la pression de surveillants sur les détenus et réciproquement, la préparation aux éventuels combats, les émeutes...) sont analysées par rapport à cette fonction guerrière de l'institution prison. Ce faisant, elle donne une caution sociologique aux analyses juridiques qui constatent que le droit pénitentiaire n'est qu'un « pseudo-droit » [Herzog-Evans, 1998]. Si le droit représente les règles de l'espace juridique censées permettre de trouver une solution aux conflits entre deux parties en les faisant traiter par un tiers dont l'indépendance est garantie par l'État, on comprend bien que « quand l'État intervient directement pour éliminer ses ennemis de l'extérieur (la guerre) ou de l'intérieur (la prison), il n'y a plus de tiers et donc plus de droit » [Chauvenet, 1998].

Antoinette Chauvenet va même plus loin, en montrant comment et pourquoi, dans les relations quotidiennes, sans troubles ni émeutes (qui restent exceptionnelles) « ce n'est pas sur le droit que peut être fondée la paix sociale en prison ». Cette paix repose sur de multiples échanges informels, notamment entre détenus et surveillants, qu'on peut analyser à partir des travaux de Mauss sur le don et le contre-don. Ces relations entre détenus et surveillants sont placées sous le signe de l'honneur, comme dans les sociétés ou groupes sociaux où les relations se déroulent principalement hors situation juridique, hors situation contractuelle, en fonction de dons et contre-dons [Chauvenet, 1996].

Les premiers travaux sociologiques avaient constaté cette importance de l'honneur en prison, chez les détenus mais aussi chez les surveillants. Ils l'avaient attribuée soit à des valeurs culturelles importées de l'extérieur soit à des produits de la réclusion. Antoinette Chauvenet [1998] la montre comme intrinsèquement liée à la place de la prison dans la société, à sa fonction d'élimination des ennemis de l'intérieur. C'est assurément plus pessimiste qu'Albert K. Cohen [1976] qui indique, dans une optique managériale, que formation et recrutement différents des surveillants parviendraient à transformer les relations internes à la prison. Pour les détenus, la relation au droit est inversée (en prison tout ce qui n'est pas expressément autorisé est interdit) et la logique contractuelle impossible : la seule relation qui tienne est une relation d'honneur, les conflits se règlent « entre quatre z'yeux ». Par cette analyse de la place de l'honneur dans les relations entre détenus et surveillants, Chauvenet illustre la façon dont les principales logiques de l'enfermement carcéral ne tiennent que par des combinaisons de facteurs « extérieurs [à la prison] et qu'elle ne contrôle pas » [1998, p. 108].

Anne-Marie Marchetti, dont la thèse de doctorat portait sur les carrières et itinéraires des sortants de prison, était prédisposée par là à analyser cette institution en interrelation avec la société extérieure. Son ouvrage *Pauvretés en prison* [1997], où la vie quotidienne en détention est présentée à travers le prisme des relations d'argent, est sans doute un de ceux auquel s'applique le mieux la formule de Claude Faugeron [1996] : « La prison est une sorte de lieu paroxystique, un laboratoire d'analyse du social privilégié, dans la mesure où elle concentre, dans un espace circonscrit et de façon amplifiée, bien des phénomènes observés dans d'autres champs de la société. Ainsi, elle permet de lire [...] les principes de structuration des rapports sociaux. » À partir de l'analyse des différents types de capitaux dont les détenus sont pourvus ou pas, et particulièrement le « savoir y faire » dans les rapports sociaux facilités par une bonne maîtrise de la langue (parlée et écrite) et quelque aisance matérielle, Marchetti montre comment les détenus les moins démunis peuvent plus facilement capitaliser des « mois de liberté ».

Les analyses qui portent sur l'interface

Parlant de tout ce qui n'est pas interne à une prison, Michael Adler et Brian Longhurst [1994] utilisent l'expression *outer penumbra*, qu'on peut traduire par *pénombre externe*. Quelques recherches sociologiques empiriques ont pris pour objet cette interface d'autant moins visible qu'on est souvent fasciné par ce qui peut se passer à l'intérieur de la prison. Si l'on veut

Le poids de la plume

Une forte proportion de détenus ne sait ni lire ni écrire. Or la maîtrise de l'usage de l'écrit est en prison d'une importance capitale. C'est en effet par écrit que doivent être présentées toutes les demandes : demande de consultation médicale, demande d'entretien avec un conseiller d'insertion et de probation, message à transmettre au directeur de la prison, à un juge d'instruction, de l'application des peines, au procureur, etc. Le détenu qui ne sait pas manier la plume en subit les conséquences de façon double, il est redevable à ses codétenus sachant écrire des services qu'ils lui rendent chaque fois qu'il a besoin de communiquer avec l'extérieur, même s'il s'agit d'écrire à ses proches ou de lire leurs lettres, et il est pénalisé dans ses relations avec les agents pénitentiaires.

En effet, nombreux sont les détenus illettrés qui, démunis face à ces procédures, cherchent à les contourner et profitent d'un passage dans les couloirs de l'infirmerie ou du service socio-éducatif pour aller directement rencontrer un infirmier ou un travailleur social. Ce personnel n'est souvent pas disponible à la demande, et le détenu ne peut que sortir globalement perdant de cette entrevue improvisée. S'il a pu, au mieux, obtenir une rencontre rapide avec l'interlocuteur qu'il cherchait, il risque de s'être fait remarquer comme « enquiquineur », ce qui se retournera aisément contre lui lors d'une demande quelconque (aménagement de peine notamment).

Il fut un temps où le fait de savoir lire permettait de sauver sa tête ; Danielle Laberge [1983] rappelle en effet que dans l'Amérique de la période coloniale, à la fin du XVIIIe siècle, « toute personne sachant lire » voyait sa peine de mort commuée. La lecture n'a plus cette vertu, mais reste, avec l'écriture, un atout appréciable, en prison encore plus qu'ailleurs.

pourtant analyser la place de la prison dans la société avec les outils de la sociologie empirique, il faut s'intéresser à cette interface située dans la pénombre externe, et développer ce qu'on pourrait appeler des analyses de la prison en termes d'*écologie sociale*.

Considérant que « la prison traite ses détenus comme la société traite ses prisons, et réciproquement », j'ai analysé les relations quotidiennes entre plusieurs établissements pénitentiaires et leur environnement [Combessie, 1996]. À différents niveaux, on remarque des phénomènes de mise à distance, des cascades de relégations, ce qui permet d'élaborer le concept de *périmètre sensible* : zone qui entoure chaque prison et au sein de laquelle les relations entre la prison et l'extérieur sont bien souvent masquées, occultées ou détournées, comme s'il fallait maintenir un cordon sanitaire autour de chaque prison, une zone de *no man's land* qui redouble les murs matériels et

Les images de la prison à l'extérieur

En matière de criminologie en général, et de prison en particulier, les images que se fait le public des sanctions sont très diverses, souvent opposées entre elles, et on ne peut les comprendre qu'en les mettant en rapport avec les positions respectives des agents sociaux dont on analyse ces images et les espaces où ils évoluent. Philippe Robert et Claude Faugeron [1978], les étudiants du Génépi [1997] ainsi que Sonja Snacken et Hilde Tubex [1999] ont analysé la diversité de ces images.

Il ne faudrait pas croire qu'une majorité de la population serait prête à réclamer encore et toujours plus d'enfermements et des sanctions plus sévères. Le discours récurrent sur le risque électoral que prendrait un homme politique susceptible d'être accusé de laxisme est moins fondé qu'on ne le croit souvent. On pourrait bien se trouver devant le même mécanisme qui fait passer les surveillants pour des répressifs absolus (*cf. supra*), les élus favorables à l'ouverture n'osant pas exprimer leur point de vue qu'ils croient marginal alors qu'il est assez largement partagé ; l'enquête du Génépi, qui analyse les réponses d'un échantillon de 1 500 personnes représentatives de la population française, indique que « 64,4 % des enquêtés estiment que certains délits ne justifient pas l'incarcération pourtant prévue par la loi, et 66,6 % que la prison doit évoluer » [1997, p. 54], mais ce constat demeure très méconnu. Le succès du livre de Véronique Vasseur [2000] qui dénonce les conditions d'enfermement dans une prison vétuste et fait écho aux déclarations de notables incarcérés au cours des dernières années du XXe siècle a apporté quelques changements dans les discours : des élus de la Nation, y compris parmi les plus traditionalistes, ont pris, dans le courant de l'an 2000, des positions favorables à un plus grand confort des prisons. En renouant avec les programmes réformistes qui remontent au projet de prison pour peine, ces discours tranchent sensiblement avec le silence dans lequel les élus ont tenu les prisons, en France, depuis la Libération, malgré l'éphémère secrétariat d'État à la condition pénitentiaire, entre 1974 et 1976 [*cf.* Dorlhac de Borne, 1984].

renforce la clôture. Dans la même perspective, Jean-Marie Renouard [1999] montre la connivence des principaux acteurs et des riverains de la prison de l'Île-de-Ré pour la « camoufler ». Les constats sont d'autant plus révélateurs que ces recherches empiriques ont été effectuées à une période d'encouragement au « décloisonnement » des prisons [Blanc, 1998]. Ces travaux manifestent à quel point, malgré ces politiques d'ouverture (et même à travers elles), la prison demeure, à bien des égards, une institution totale [Combessie, 2000a].

• *L'industrie de la répression du crime.* — La prison, enfin, peut être analysée à travers la place qu'elle occupe dans l'industrie de la répression, sous ses formes diverses selon les régimes politiques. Les camps de travail et les prisons des pays totalitaires fournissent une main-d'œuvre abondante et bon marché, apte à développer à moindre coût de nombreuses activités industrielles et à effectuer des travaux publics d'envergure gigantesque. Dans certains pays comme l'ancienne Union soviétique, le poids des structures mises en place pour réguler et contrôler ce système répressif était impressionnant [Soljenitsyne, 1973]. Dans les pays démocratiques, c'est moins la force de travail des détenus qui produit de la richesse que le développement des métiers de la répression du crime. Cela concerne les métiers des systèmes policiers, judiciaires et carcéraux, bien sûr, mais aussi toutes les activités de construction et de fabrication d'instruments propres à réprimer les infractions : de la fabrication des menottes et armes diverses en passant par celle des tests pour détecter l'alcool, le cannabis, etc., jusqu'à la construction des prisons, des moyens radioélectriques pour détecter d'éventuelles évasions, filins anti-hélicoptères... Au sujet des évasions, Charlotte Vanneste [1996] a montré que la quête sécuritaire était un gouffre financier sans fond. Pour les États-Unis, Nils Christie [1993] évalue à six millions le nombre de personnes qui « vivent, légalement, du crime ». Son ton est délibérément polémique, mais le sujet abordé apporte un éclairage nouveau sur la place de la prison dans l'ensemble des dispositifs (plus ou moins autonomes, plus ou moins officiels) de contrôle social et donc dans la société.

En France, l'équipe de chercheurs réunis autour de Philippe Robert au sein du Centre de recherches sociologiques sur le droit et les institutions pénales (Cesdip) travaille depuis des années sur les questions de la place de la justice et de la répression pénale dans la société : analyse de la création des normes juridiques, étude de la mise en œuvre des normes pénales, recherches sur les régulations sociales. Au sein de cette équipe, Thierry Godefroy et Bernard Laffargue [1993] ont notamment étudié le coût des dépenses de sécurité.

2. La récidive : deux analyses contrastées

Sauf cas exceptionnel, tous les détenus sortent un jour. On peut oublier cette banalité, tant la fonction première de la prison est d'enfermer ; or, en période de stabilité des pratiques judiciaires, il y a, en moyenne, autant de détenus qui entrent en prison que de détenus qui en sortent. Les sorties concernaient, en France, dans la dernière décennie du XXe siècle, environ 80 000 détenus par an, c'est-à-dire en moyenne 220 détenus chaque jour. Les études sociologiques concernant les sortants de prison sont rares. Cela s'explique, pour les études empiriques, parce qu'ils sont parfois difficiles à suivre ; pour les études statistiques, parce que des interdictions légales limitent les possibilités d'investigation : les amnisties effacent des casiers judiciaires certaines condamnations et, de plus, dans certains pays, des dispositifs similaires à la loi française dite « Informatique et liberté » empêchent le recueil et le croisement de certaines données. Plusieurs études ont cependant permis, par des moyens plus ou moins détournés, d'approcher la question de la récidive.

En France, la première recherche d'Anne-Marie Marchetti [1981] concerne les ex-détenus qui se retrouvent en centre d'hébergement. En général, en sortant, le détenu est plus démuni qu'en entrant [Marchetti, 1997]. Il a souvent plus de difficultés à trouver du travail, malgré les efforts des équipes de travailleurs sociaux et malgré l'existence de quelques services spécialisés (en particulier à Paris : un service d'aide aux sortants de prison dénommé « Sraiosp » et une antenne « espace liberté » de l'Anpe) et de nombreuses associations, équipes d'autant plus méritantes qu'elles disposent souvent de moyens limités. En province, les détenus libérés doivent surtout compter sur les structures associatives ainsi que sur les équipes des services pénitentiaires d'insertion et de probation.

Avec un passé carcéral, trouver du travail n'est pas facile. L'État, bien placé pour savoir que l'individu concerné a « payé sa dette », ferme pourtant aux anciens détenus les emplois de la fonction publique. Si, en l'absence de travail, les ressources viennent à manquer, si les structures administratives ou associatives ont des moyens limités, si des personnes rencontrées en détention font des propositions alléchantes bien que répréhensibles, le risque est fort de se retrouver de nouveau incarcéré. Le système pénal n'est pas tendre pour les « repris » de justice.

En matière de récidive, deux approches coexistent, qui semblent apporter des résultats opposés mais sont complémentaires plus que contradictoires ; on dénommera la première l'approche classique et la seconde, moins connue, l'approche globale.

La première considère les probabilités de récidive des seules personnes qui sont ou ont été incarcérées, la seconde englobe aussi les personnes qui pourraient ou auraient pu être envoyées en prison.

L'approche classique

L'approche classique de la récidive adopte implicitement le principe selon lequel la prison doit amender les personnes qui y sont enfermées, dans une perspective de réintégration ultérieure dans la société extérieure sans réitération d'infraction ; le succès du système carcéral doit donc se traduire, dans cette optique, par un taux de récidive le plus faible possible.

Comment définir la récidive ?

Le Code pénal entré en vigueur en France au 1er mars 1994 prévoit trois cas de récidive légale, c'est-à-dire de circonstances aggravantes qui alourdissent la nouvelle condamnation :

1. lorsqu'un individu a déjà été condamné à dix ans d'enfermement et qu'il commet un *crime*, quel qu'il soit et quel que soit le délai après sa sortie de prison (c'est le régime de la récidive générale et perpétuelle) ;
2. lorsqu'un individu commet un *délit* dans un *délai inférieur à dix ans* (ou cinq dans certains cas) après la fin d'une peine de dix ans d'enfermement (c'est le régime de la récidive générale et temporaire) ;
3. lorsqu'un individu, après une condamnation inférieure à dix ans d'enfermement, commet un délit identique ou assimilé au délit antérieur (c'est le régime de la récidive spéciale et temporaire).

Ces définitions juridiques sont complexes ; qui plus est, suivant la date des infractions, elles peuvent se combiner avec les définitions antérieures à ce *nouveau* Code pénal qui distinguaient *petite* et *grande* récidive. Les sociologues estiment en général plus pertinent de s'en tenir au sens commun : est considérée comme récidiviste une personne condamnée à plusieurs reprises par la justice. Quand on juxtapose les termes *récidive* et *prison*, cela signifie que l'individu a été incarcéré pour une affaire, puis condamné pour une autre affaire. Pour éviter les ambiguïtés du terme récidive, les démographes Annie Kensey et Pierre Tournier ont intitulé un de leurs travaux *Le Retour en prison*. On notera que cette terminologie exclut les cas où le second procès ne débouche pas sur une peine de prison ferme — dans ces cas il y a *prison* puis nouvelle condamnation (ce que certains considéreraient comme une *récidive*), mais pas *retour en prison*.

Puisque nous parlons de prison, nous utiliserons le terme de *récidive* quand une nouvelle condamnation donne lieu à une nouvelle incarcération.

En 1996, Pierre Tournier faisait la synthèse de quatre enquêtes quantitatives françaises en matière de récidive, chacune portant sur une cohorte d'ex-détenus :

1. condamnés à mort graciés et condamnés à perpétuité libérés entre 1961 et 1980 ;
2. condamnés à trois ans de prison ou plus, libérés en 1973 ;
3. condamnés à trois ans de prison ou plus, libérés en 1982 ;
4. mineurs incarcérés en février 1983.

Ces enquêtes apportent des informations complémentaires. Sur les 82 condamnés à mort graciés dont les dossiers ont été analysés, 3 ont été de nouveau condamnés (1 pour vol, 1 pour vol avec violence, 1 pour attentat à la pudeur). Cela représente un taux de récidive de 4 %, sur une période qui s'étend, suivant les cas, de 6 à 20 ans après la libération. Sur les 471 dossiers concernant des condamnés à perpétuité libérés, le taux de récidive s'élève à 7 %. L'étude qui concerne la cohorte des condamnés à trois ans de prison et plus, libérés en 1982, comprend de nombreuses précisions sur chacun des 1 016 dossiers analysés [Kensey, Tournier, 1991]. En 1986, soit quatre ans après, 34 % des ex-détenus avaient de nouveau été incarcérés — pourcentage voisin de celui des détenus qui, libérés en 1973, étaient retournés en prison au cours des quatre années suivantes (39 %).

• *Point de vue extensif, point de vue restrictif.* — Portant sur l'analyse des casiers judiciaires, l'enquête concernant les condamnés libérés en 1982 apporte des précisions sur toutes les condamnations. Or, un certain nombre d'ex-détenus sont de nouveau condamnés, mais pour une infraction jugée tellement bénigne que, malgré leur passé pénitentiaire — dont toutes les études montrent qu'il tend à alourdir les sanctions [*cf.* Aubusson de Cavarlay, Huré, 1995] —, ils ne sont pas renvoyés en prison.

Si on intègre l'ensemble des condamnations pénales de cette cohorte (amendes, peines avec sursis, etc.), pendant une période de quatre ans après leur libération, on obtient un taux de récidive de 50 %, c'est une vision extensive de la récidive : il n'y a pas eu de retour en prison (pas de récidive carcérale), mais tout de même une nouvelle condamnation. Mais il faut bien avoir à l'esprit que ce taux qui peut sembler élevé intègre des infractions légères, dont quelques-unes ont même cessé, quelques années plus tard, d'être considérées comme des délits. Pierre Tournier souligne par exemple les nombreux cas pour lesquels la seconde infraction était une émission de chèques sans provision.

À l'inverse, une approche plus restrictive peut considérer qu'il y a récidive lorsque l'ex-détenu commet une infraction de gravité similaire ou supérieure à la première, ce qui entraîne une condamnation plus lourde la seconde fois. Dans ce cas, pour l'ensemble de la cohorte, et dans le même laps de temps, il n'y a que 5 % de récidivistes.

Pour restrictive qu'elle soit, cette approche de la récidive l'est toutefois moins que la définition légale : les récidives *générales* concernent exclusivement les détenus condamnés à plus de dix ans de prison, et la récidive *spéciale* n'existe que lorsque le second délit est semblable au premier.

• *Certaines caractéristiques prédisposent-elles à la récidive ?* — Entre ces points de vue extrêmes qui, dans un cas, intègrent l'ensemble des condamnations, y compris les amendes, et dans l'autre ne retiennent que les condamnations plus lourdes à des peines de prison, le sens commun considère qu'est récidiviste, au regard de la prison, celui qui y retourne. Ainsi défini, le taux de récidive s'établit à 34 % pour la cohorte des détenus condamnés à trois ans ou plus libérés en 1982, mais cette donnée moyenne masque des écarts parfois importants. Ainsi le taux de récidive est inférieur :

— pour les détenus libérés à un âge avancé : 18 % pour les « 50 ans et plus » contre 41 % pour les « moins de 25 ans » ;

— pour les femmes : aucune des 28 femmes de la cohorte n'est retournée en prison, le taux de retour masculin s'élève à 35 % ;

— pour les détenus mariés (24 % contre 39 % pour les célibataires et 38 % pour les divorcés) ;

— pour les étrangers (22 % contre 36 % pour les Français) ;

— pour ceux qui n'avaient jamais été incarcérés auparavant : 23 % contre 61 % pour ceux qui avaient déjà connu la prison ;

— pour les auteurs d'infractions graves : 48 % de récidive pour les auteurs de délits, 26 % seulement pour les criminels — une analyse fine montre que la durée de la peine n'interfère que de façon marginale sur ce résultat, les auteurs de délits ont davantage tendance à en commettre d'autres que les auteurs d'actes criminels ; cette information est confortée par le faible taux de retour observé pour les condamnés à mort graciés et les condamnés à perpétuité libérés ;

— en cas de libération anticipée : 40 % pour les détenus libérés en fin de peine, 23 % pour ceux qui ont bénéficié d'une libération conditionnelle (mais il est difficile d'interpréter cet écart : est-ce la libération conditionnelle qui incite le détenu à ne pas courir le risque d'être incarcéré de nouveau ou est-ce la sélection des détenus les plus aptes à réintégrer la société qui produit ces différences entre les détenus en libération conditionnelle et les autres ?).

En combinant l'ensemble de ces éléments, on peut dresser le profil type du récidiviste : c'est un homme, jeune, sans conjoint, de nationalité française, auteur de délits plus que de crimes, ayant déjà séjourné plusieurs fois en prison, et n'ayant pas bénéficié de libération conditionnelle. On ne peut qu'être frappé par la ressemblance avec le profil sociologique type du détenu : n'est-ce pas le signe que le lien entre prison et récidive est plus fort que la simple évidence qu'il n'y a pas de retour en prison sans une première incarcération ? Si tel est le cas, ne peut-on pas se demander si l'analyse classique, en ne considérant que les personnes incarcérées, peut permettre de répondre au mieux aux questions de la réduction des risques de réitération d'infractions ?

L'approche globale

À cette approche classique s'oppose une approche qui peut sembler, à première vue, étonnante tant ses corollaires vont à contre-courant de l'idée dominante. Elle propose de replacer la prison dans l'ensemble du dispositif pénal dont elle est l'un des instruments : textes de loi, forces de police, magistrature, procédure pénale… ; d'où le nom d'approche *globale*.

Claude Faugeron et Jean-Michel Le Boulaire [1993] remarquent l'habitude prise, depuis le XIXe siècle, de distinguer trois groupes parmi les individus dont le comportement pose problème. Quelle que soit la catégorie d'infraction, on trouve toujours en effet un premier groupe constitué de cas exceptionnels, fortuits, qui réunit ceux que rien ne prédisposait apparemment à se comporter comme ils l'ont fait. Le deuxième groupe

Les détenus sages s'en sortent-ils mieux ?

En 1979, Lynne Goodstein a publié les résultats d'une recherche effectuée dans trois prisons pour hommes adultes de deux États du Nord-Est des États-Unis. Elle s'est intéressée aux liens entre l'adaptation à la prison et l'adaptation à la vie à l'extérieur après la sortie. Elle remarque que les systèmes de punitions et récompenses préparent mal les détenus à la vie à l'extérieur. Elle souligne ce qu'elle désigne comme deux « ironies » : les détenus qui se sont le mieux intégrés à la vie de la prison, ceux par exemple qui ont obtenu les travaux les plus enviés de la détention, sont aussi ceux qui ont le plus de difficulté à trouver du travail et à s'adapter à l'extérieur ; ceux qui s'en sortent le mieux sont ceux qui, en prison, étaient les fauteurs de trouble. Elle analyse ainsi le phénomène : « Il est possible que les détenus rebelles [...] s'adaptent plus facilement à la vie extérieure parce qu'ils ont gardé leur autonomie et leur libre arbitre malgré l'enfermement. »

David Ward [1987] s'est intéressé quant à lui à 500 des 1 550 détenus qui ont été enfermés à la prison d'Alcatraz. Globalement 49 % ne sont jamais retournés en prison, et 22 % n'ont même jamais plus eu affaire à la justice. Mais, ce qui est intéressant, c'est l'analyse des facteurs semblant avoir favorisé ces non-retours en prison : « Plus un détenu a tenté de s'évader, moins il a de chances de récidiver. » Pour les troubles à l'ordre carcéral, le résultat est plus nuancé mais aussi plus précis : « Les détenus qui avaient eu un nombre modéré de rapports disciplinaires (entre cinq et dix) ont eu moins de démêlés ultérieurs avec la justice que ceux qui en avaient eu moins de cinq ou ceux qui en avaient eu plus de dix. »

Laissons la conclusion à Jacques Laplante [1989, p. 200] : « En prison, plus un détenu s'intègre au milieu étrange qu'ils forment, lui et ses codétenus, moins il est disponible pour une réinsertion sociale dans la société commune. »

comprend des individus souvent marginaux, dont les comportements posent régulièrement des problèmes, mais qui peuvent s'améliorer. Il y a enfin toujours un troisième groupe, composé de ce qu'on appelle, suivant les cas, des délinquants chroniques, chevronnés, professionnels, multirécidivistes, incorrigibles, irrécupérables...

Les fonctions sociales de la peine seraient alors à différencier : dissuader les délinquants fortuits du premier groupe en les intimidant, réadapter les délinquants un peu marginaux du deuxième groupe, neutraliser les délinquants chevronnés du troisième groupe.

Or, étant donné que la dissuasion peut s'exercer sans recourir à la prison et que la situation carcérale présente pour la réadaptation plus d'entraves que d'avantages, la seule fonction ajustée à la prison est la neutralisation. Il ne s'agit pas de choisir

La récidive du « pactolien »

Ancien travailleur social, Patrick Colin a construit sa thèse de doctorat [1998] à partir d'entretiens réalisés avec des détenus qu'il connaissait bien, tous multirécidivistes. Les propos ainsi recueillis lui ont permis de dresser une typologie des logiques d'action des auteurs de délits contre les biens. Le cas du type « pactolien » (selon le terme de l'auteur) est intéressant dans la mesure où il établit un lien direct entre la récidive et certaines caractéristiques des pratiques d'investigation policière et de traitement judiciaire, principalement le décalage entre la date d'infraction et la date de début de la sanction, mais aussi la rareté des condamnations avec sursis pour les personnes au casier judiciaire chargé. Le détenu du type « pactolien » déclare avoir mené une vie délinquante pendant un certain temps, puis avoir décidé de faire un « dernier coup » afin d'acquérir un « pactole » susceptible de lui permettre de mener une vie hors délinquance, souvent à la tête d'une entreprise indépendante. Pendant quelques années, il a réussi, après ce coup, à vivre honnêtement. C'est alors qu'il a été « rattrapé » par la justice, pour une « affaire » dans laquelle il reconnaît sa responsabilité, tout en soulignant qu'il a, depuis, « tourné la page ». Avec son casier judiciaire chargé, il est de nouveau condamné à une peine de prison ferme. Si ce détenu dit vrai en garantissant qu'il s'était « retiré des affaires » depuis quelques années, son retour en prison, avec les ruptures professionnelles et familiales que cela implique souvent, a quelque probabilité d'entraîner davantage une réitération ultérieure d'infractions que si cet ancien délinquant, qui s'était « rangé des affaires » tout seul, était laissé en liberté, avec bien sûr, une condamnation civile à rembourser les dommages causés, et, sans doute, une condamnation pénale assortie d'un sursis. Cet exemple souligne, de façon cocasse peut-être, l'importance du rôle de l'ensemble de la chaîne de répression judiciaire dans tout ce qui peut entraîner une réitération d'infractions. La mesure de la récidive ne serait donc pas directement liée à l'efficacité du système pénitentiaire carcéral.

entre différentes conceptions de la peine de prison mais de la réserver à ceux à qui elle peut être adaptée. Mais, comme la peine de mort, les différentes formes d'enfermement de très longue durée ne sont guère acceptables dans un pays démocratique, sinon pour un nombre très limité de cas — on peut penser actuellement aux violences meurtrières à caractère atroce.

Quelle que soit la façon dont s'organisent les classifications et sous-classifications, il reste toujours une proportion d'individus qu'on qualifie d'« intraitables », et cela concerne aussi bien la petite délinquance [Le Moigne, 2000] que la grande criminalité. Le paradoxe de l'approche classique de la récidive est que ces « intraitables » sont à la fois la meilleure justification de l'enfermement (« Un individu comme ça, on ne peut pas le laisser vadrouiller dans la nature ! ») et la preuve flagrante de son échec en matière de réinsertion : la mesure du taux de récidive des personnes pour lesquelles la prison semble la seule peine appropriée (puisque les autres dispositifs se sont révélés vains) montre l'inefficacité de la prison.

Pour quitter cette voie sans issue, il faut prendre en compte la place de la prison dans l'ensemble des traitements des comportements susceptibles de poser problème dans une société. La prison est à l'extrémité d'une chaîne fort longue, ou plus exactement, elle est à l'extrémité de multiples chaînes, qui vont du contrôle social informel au système pénal en passant par toutes les structures intermédiaires, dont chacune effectue des tris, des sélections, des classifications et propose des solutions adaptées à une majorité, mais inadaptées à une minorité qui sera renvoyée à une autre structure, et ainsi de suite. Les objectifs de prévention de la délinquance sont toujours mis en avant dans les directives de *politique de la ville* et dans les *contrats locaux de sécurité*. Les critères de délinquance sont toujours pris en compte pour le choix des sites urbains auxquels s'appliquent les politiques de *développement social des quartiers*. La population carcérale se « recrute » dans celle pour qui aucune de ces structures intermédiaires n'aura su trouver la solution adaptée. La prison n'est que rarement le premier mode de traitement envisagé. C'est plus souvent la dernière solution, celle qui reste quand certains problèmes sociaux n'ont pas pu être réglés en amont. Quand l'incarcération est envisagée, les magistrats les plus optimistes imaginent qu'elle peut produire un *choc* bénéfique, les plus pessimistes se contentent de sa fonction de neutralisation, pour un temps donné.

Lorsqu'il s'agit d'une première incarcération, l'espoir est permis ; Martin Killias [1991] a montré que le taux de récidive est plus bas quand on a affaire à une première incarcération, ce qui conforte les analyses de Tournier citées plus haut. Mais, lorsqu'on a affaire aux délinquants d'habitude, aux délinquants chevronnés, aux multirécidivistes, la mesure de la récidive ne peut que signifier un échec de la prison.

Pour les délinquants des deux premiers groupes, que l'on pense pouvoir dissuader de recommencer ou amender, plusieurs types de traitements sont envisageables. Les premiers, en France, ne sont que rarement envoyés en prison, tout dépend de la gravité attribuée à l'acte qui leur est reproché. Ils bénéficient

Les détenus bien entourés s'en sortent-ils mieux ?

Marianne Cattani [1994] a mené une étude par questionnaires et entretiens au sujet des visites que recevaient les détenus de la prison de la Santé ; elle disposait d'informations sur leur passé pénal et pénitentiaire.

L'un de ses postulats de départ était que plus le détenu était multirécidiviste, plus il se coupait du milieu extérieur et donc moins il recevait de visites au parloir. Sa recherche l'a amenée à constater qu'il n'en était rien, et qu'une proportion importante des détenus multirécidivistes qu'elle rencontrait étaient régulièrement visités par leurs proches. C'étaient des habitués de la prison, que les proches étaient habitués à aller voir au parloir. La prison faisait partie de leur mode de vie, et, compte tenu de leurs fréquents retours derrière les barreaux, tout laisse penser que les pratiques réprimées par la loi faisaient aussi partie de leur mode de vie. Les personnes incarcérées pour proxénétisme, par exemple, reçoivent beaucoup de visites, selon la formule plaisante d'une surveillante : « en prison, les souteneurs sont bien soutenus ». Il en est ainsi de l'ensemble des personnes dont la vie est bien intégrée dans ce qu'on peut appeler le *milieu* de la délinquance et du banditisme.

le plus souvent d'une peine avec sursis, qui est, comme une épée de Damoclès, la mesure d'intimidation, de dissuasion par excellence. L'amendement ou la réadaptation des délinquants qui relèvent du deuxième groupe peuvent être tentés en prison ; c'est d'ailleurs à leur intention qu'ont été créés les centres de détention, avec pour objectif prioritaire la réintégration dans la société. Mais la réadaptation peut se faire aussi dans bien d'autres endroits qu'une prison. Et l'on peut même penser que, dans beaucoup de cas, pour ces personnes qui ne sont ni complètement désocialisées, ni complètement intégrées dans un milieu organisé autour de pratiques interdites, la formation professionnelle, l'apprentissage, etc. sont plus efficaces quand ils ne sont pas conduits dans un établissement carcéral qui coupe les liens avec les différents réseaux — réseaux souvent informels et précaires pour ces personnes qui peuvent être marginalisées ou désaffiliées des groupes de solidarité traditionnels (famille, travail...), mais réseaux tout de même.

Probablement, le taux de récidive globale diminuerait si l'on incarcérait davantage les auteurs d'infractions qui relèvent du premier et du deuxième groupe. Probablement aussi, ce taux deviendrait très élevé si au contraire on leur appliquait presque exclusivement des mesures non carcérales, réservant la prison aux cas qui relèvent du troisième groupe (à qui sont principalement destinés les établissements qu'on qualifie de maisons centrales). C'est en tout cas les résultats qu'on observe, en France comme dans d'autres pays [Trépanier, Tulkens, 1995], avec la politique pénale appliquée aux mineurs. Le Code pénal, le Code de procédure pénale, les prérogatives des magistrats (qui doivent à la fois protéger la société et le jeune qui a commis un acte répréhensible), tout vise à éviter le plus souvent possible l'incarcération d'un mineur. On peut dire que ceux qui sont mis en prison, en France, relèvent, pour leur grande majorité, du troisième groupe, de ceux sur lesquels on peut penser que ni la dissuasion ni la réadaptation n'ont de prise [Le Moigne, 2000]. Les conséquences sur les taux de récidive s'en ressentent. Tournier montre que, pour la cohorte de mineurs incarcérés en 1983, le taux moyen de retour en prison est de 60 %, davantage encore si l'on considère ceux qui avaient déjà connu la prison avant : le taux s'élève alors à 92 %, et même à 97 % si l'on prend en compte l'ensemble des nouvelles condamnations et non les seules qui comportent une peine de prison ferme. Un taux élevé de récidive indique un usage modéré de la peine de prison, appliquée seulement à ceux pour qui aucune autre mesure n'est possible.

Si l'on réfléchit à la place qu'occupe la prison dans l'ensemble des processus de gestion des comportements répréhensibles, la mesure du taux de récidive se révèle intéressante pour apprécier le choix de ne pas envoyer en prison des individus qui peuvent être traités autrement. Plus on approche des 100 % de récidive après une première incarcération, plus on peut penser qu'a été mis en œuvre l'ensemble des dispositifs de prévention et de traitement non désocialisants.

En d'autres termes, la probabilité de retour en prison étant bien davantage déterminée par les tris effectués en amont, et sur lesquels l'administration pénitentiaire n'a aucun contrôle, que par les traitements opérés en détention (formations et apprentissages divers), la mesure de la récidive après passage en prison est bien davantage une mesure du tri qu'une mesure du traitement. Elle en apprend plus sur ce qui se passe *avant* que sur ce qui se passe *pendant* l'enfermement. Elle est avant tout un indicateur des choix opérés entre politiques sociales et politiques pénales, et, au sein des politiques pénales, entre l'utilisation de la prison en première instance et en dernière instance. Cette approche globale ne prétend pas donner de solution, mais simplement faire réfléchir sur la façon d'interpréter les mesures de la récidive. Ce faisant, elle éclaire les relations que peut entretenir l'institution carcérale avec l'ensemble de la société.

Conclusion / Prison et démocratie

Au terme de ces analyses, une réflexion sur la place de la prison dans une société démocratique peut être proposée.

Un grand nombre des questions soulevées par la prison relèvent de la gestion des risques. Il y a les risques sociaux que la prison devrait réduire : en se plaçant en amont de la prison, on s'intéresse aux politiques pénales. Il y a les risques internes à la prison : on s'attache aux pratiques et aux politiques pénitentiaires. Dans une perspective sociologique globale, enfin, on peut chercher à replacer la prison dans ses logiques et ses fonctions sociales et réfléchir aux relations entre démocratie, prison, réduction des risques. Risques pour la société d'abord : confrontés à des problèmes liés à l'évolution de la société salariale et à la mondialisation, certains pays peuvent être tentés par une politique pénale qui utilise la prison pour remédier partiellement aux risques engendrés par la précarité sociale, par exemple en matière de grande pauvreté ou de difficulté de santé (alcoolisme, toxicomanie...). On enfermait autrefois les malades contagieux ; avec le développement du sida, ne peut-on lire, à travers certains projets, une nouvelle pratique de gestion des risques de contagion ? Force est de s'interroger sur la forte proportion de détenus séropositifs et sur un rapport possible avec la mise à l'écart des sujets contagieux. En France, comme dans d'autres pays, on trouve en prison de plus en plus de personnes souffrant de troubles psychiatriques, ce qui pose le même type de question.

Risques internes à la prison ensuite : l'enfermement des détenus séropositifs implique aussi des questions de limitation des risques à l'intérieur des prisons (faut-il distribuer des préservatifs ? des seringues ?). Le maintien de l'ordre dans la prison confronte toujours l'administration à la question de l'équilibre à maintenir entre un contrôle interne très rigoureux, qui favorise le déchaînement de violences, et un contrôle relâché, qui fait craindre le développement du caïdat. Toutefois, les quelques expériences qui ont laissé une forme d'autogestion à un groupe de détenus ne semblent pas avoir favorisé outre mesure ce phénomène de caïdat, y compris quand elles concernaient des détenus réputés dangereux, comme à La Pâquerette, en Suisse [Valloton, 2000]. C'est sans doute l'évolution la plus souhaitable. Encore faut-il s'en donner les moyens, en particulier en réduisant de façon importante le nombre de détenus, ce qui conduit à aborder la troisième façon de considérer la prison par rapport à la réduction des risques, cette fois de façon plus globale.

La prison au risque de la démocratie enfin : celle-ci suppose le contrôle, par le peuple, de la façon dont le pouvoir est administré en son nom. Ce contrôle implique une visibilité, aussi grande que possible, de tous les lieux d'exercice de ce pouvoir. La prison cumule le double handicap d'être à la fois un des lieux où l'exercice de ce pouvoir pèse le plus directement sur un certain nombre de citoyens et l'un de ceux que la société occulte le plus volontiers. Est-il envisageable de voir cette logique s'inverser ? Dans l'immédiat, il est permis d'en douter [Combessie, 1998].

Réformer la prison ?

On peut se poser la question de l'intérêt qu'il y a à maintenir une institution dont on n'est pas sûr que le solde fonctionnel soit globalement positif. Face aux stratégies divergentes des réformateurs, dont les projets visent à rendre la prison plus acceptable, et des abolitionnistes les plus jusqu'au-boutistes qui peuvent envisager une politique du pire pour mieux mettre en évidence l'aporie du système, on peut replacer la prison dans la logique pénale et la dynamique du système démocratique qui l'a vu naître. Il ne faut pas oublier qu'elle est l'un des lieux d'exercice du pouvoir potentiellement les mieux contrôlables, même si les contrôles se heurtent à des difficultés spécifiques.

La disparition de la prison ne risquerait-elle pas d'entraîner le développement de dispositifs de contention bien moins contrôlables, donc moins démocratiques, et/ou de moyens de pression — ou d'élimination — inadmissibles ? Le fragile équilibre entre ordre et justice n'inviterait-il pas à donner priorité au maintien de l'ordre ? L'importance croissante des associations de victimes qui se voient reconnaître d'autant plus de prérogatives en matière pénale (droit de se porter partie civile par exemple) que leur combat paraît populaire et se trouve fréquemment relayé par la presse, peut faire craindre une évolution à l'américaine, vers une intensification de la répression carcérale tous azimuts, à laquelle s'ajoute un usage important de la peine de mort.

Le lien entre prison et justice est perverti par l'usage, encore fréquent, de l'enfermement comme instrument de renforcement de relation d'autorité entre professionnels du maintien de l'ordre et justiciables : emprisonnement des étrangers en situation irrégulière, surpénalisation des récidives, et, surtout, détention provisoire. On peut noter que les directives internationales invitent à une forte limitation de cette dernière.

L'allongement des durées d'enfermement paraît difficile à contenir sans une modification de l'échelle des peines, qui ne peut se faire sans débat public au moins au niveau parlementaire — en France, l'intérêt des élus de la nation pour les questions d'enfermement après l'effet de choc produit par le livre du Dr Vasseur peut laisser espérer quelques modifications, mais de quelle envergure ?

En démocratie, la justice se doit d'être visible. Or, cette exigence de visibilité laisse de côté les prisons, par un double processus qui se renforce : occultation de ces espaces opérée par les citoyens eux-mêmes (y compris les élus), développement de pratiques autarciques par les administrateurs de prisons. Une politique volontariste à plusieurs niveaux pourrait-elle permettre de changer ces tendances lourdes ? Ce serait d'un intérêt majeur pour l'institution pénitentiaire, à commencer par ses acteurs les plus directs : les détenus, qui verraient limiter les abus que l'ensemble du système leur fait subir, et les fonctionnaires pénitentiaires, dont la conscience professionnelle ne pourrait qu'être renforcée lorsqu'ils verraient mieux reconnue leur activité assurément ingrate et difficile.

Éclairer la part d'ombre des sociétés démocratiques

Il faut prendre au pied de la lettre la formule de Claudel placée en exergue de cet ouvrage : rendre la prison visible. La prison est un dispositif contraignant, pénible, il ne faut pas se le cacher. Non pas pour rêver d'intégrer cette pénibilité dans une logique de rédemption, d'expiation ou de redressement, mais pour viser à la limiter au maximum. Cela doit se faire de deux façons. Il faut d'abord limiter l'usage de la prison, ce qui limitera les risques de dégâts sociaux causés par l'enfermement d'un individu si ce n'est pas absolument indispensable à la sécurité publique. Il faut également limiter la pénibilité de la prison. Tout ce qui abaisse la dignité d'un homme rejaillit sur les individus qui y coopèrent, sur l'institution qui le tolère, et sur la société qui l'accepte et qui, pour ce faire, l'occulte. Voilà pourquoi il faut s'efforcer de rendre la prison visible.

Historiquement, prison pénale et démocratie sont étroitement imbriquées. Mais, une fois déconstruit ce qu'on a appelé le mythe fondateur, une fois connues les logiques qui font tenir le système carcéral, il faut les assumer, et prendre ses responsabilités de citoyen. Ne pourrait-on se demander si la formule de Churchill sur la démocratie ne s'applique pas à la prison : elle serait le pire des systèmes — de défense d'une société face à des risques de troubles graves — à l'exclusion de tous les autres ?

Mais prison et démocratie sont aussi, à bien des égards, antinomiques. La démocratie est source de fierté inséparable d'une conscience forte de sa fragilité — et c'est en cela que la formule de Churchill est à la fois forte et choquante. La prison, c'est l'inverse : on n'en est pas fier, et on la sent pérenne. La démocratie suppose, comme la justice, la visibilité, alors qu'on a tendance à garder la prison cachée. Se donner les moyens de la regarder en face, c'est assumer le côté sombre de la démocratie. Ainsi seulement on peut assumer les risques, les difficultés de vivre en démocratie. La prison en est un des instruments ; se le cacher, se la cacher, comme on ne le fait que trop depuis qu'elle existe, n'est-ce pas courir le risque de laisser l'usage qu'on en fait entacher, chaque jour davantage, l'idéal démocratique ?

Si cet ouvrage ne devait avoir qu'un seul objectif, ce serait d'œuvrer dans le sens d'une plus grande visibilité de cette part d'ombre de la démocratie.

Repères bibliographiques

ARSS : Actes de la recherche en sciences sociales.

D & S : Déviance et Société.

DB « PC » : Bruxelles, De Boeck Université/Montréal, Presses de l'université de Montréal/Ottawa, Presses de l'université d'Ottawa, « Perspectives criminologiques ».

RFS : Revue française de sociologie.

T & D : Travaux et documents.

ADLER M., LONGHURST B. [1994], *Discourse, Power and Justice. Towards a New Sociology of Imprisonment*, Londres et New York, Routledge.

ADMINISTRATION PÉNITENTIAIRE (DAP) [1998], *Rapport annuel d'activité 1997*, ministère de la Justice, La Documentation française.

ALPERT G. P. [1978], « Prisons as Formal Organizations : Compliance theory in Action », *Sociology and Social Research*, 63-1.

ANCEL M. [1954], *La Défense sociale nouvelle*, Cujas.

ARNAUD G. [1953], *Prisons 53*, Julliard.

AUBUSSON DE CAVARLAY B. [1985], « Hommes, peines et infractions : la légalité de l'inégalité », *L'Année sociologique*, 35. — [1997] « L'Accroissement des durées de détention : une preuve de sévérité croissante ? », *Information Prison-Justice*, n° 80.

AUBUSSON DE CAVARLAY B., HURÉ M.-S. [1995], *Arrestations, classements, déferrements, jugements. Suivi d'une cohorte d'affaires pénales de la police à la justice*, rapport de recherche, Cesdip.

BADINTER R. [1992], *La Prison républicaine*, Fayard.

BAILLEAU F. [1996], *Les Jeunes face à la justice pénale*, Syros, « Alternatives sociales ».

BARAK-GLANTZ I. L. [1981], « Towards a conceptual schema of prison management styles », *The Prison Journal*, LXI, 2.

BARRÉ M.-D. [1986], « 130 années de statistique pénitentiaire en France », *D & S*, X-2.

BARRÉ M.-D., TOURNIER P. [1982], *Érosion des peines*

perpétuelles, DAP, T & D, n° 16.

BASTE-MORAND L. [1991], « Le volontariat dans les prisons françaises », *Lettre aux aumôneries*, 51.

BAUER Ch. [1991], *Fractures d'une vie*, Seuil.

BEAUMONT G. DE, TOCQUEVILLE A. DE [1833], *Du système pénitentiaire aux États-Unis et de son application en France*, Seuil, 1982.

BECCARIA C. [1764], *Des délits et des peines*, Flammarion, 1979.

BECKER H. S. [1963], *Outsiders, études de sociologie de la déviance*, Métailié, 1985.

BENTHAM J. [1791], *Le Panoptique*, Belfond, 1977.

BENTOLILA A. *et al.* [1997], *La Lutte contre l'illettrisme en milieu carcéral*, DAP, T & D, n° 51.

BERTRAND M.-A. [1979], *La Femme et le crime*, Montréal, L'Aurore. — (dir.) [1998], *Prisons pour femmes*, Montréal, Méridien, « Cursus universitaire ».

BESSIN M., LECHIEN M.-H., ZELEM M.-C. [1997], « Soigner en prison, principes et sens pratique des acteurs de la réforme », *Revue française des affaires sociales*, 51.

BESSIN M., LECHIEN M.-H. [2000], *Soignants et malades incarcérés. Conditions, pratiques et usages des soins en prison*, CEMS, CES, EHESS.

BLANC A. [1998], « Décloisonnement et réinsertion : poursuivre l'ouverture », *Les Cahiers de la sécurité intérieure*, 31.

BOLZE B. *et al.* [2000], *Le Nouveau Guide du prisonnier*, L'Atelier, OIP.

BONALDI H. [1977], *D'une prison l'autre*, Grasset.

BONNEMAISON G. [1989], *La Modernisation du service public pénitentiaire*, Rapport au Premier ministre et au garde des Sceaux, ministère de la Justice.

BOTTOMLEY A. K. [1994], « Long-Term prisoners », *in* PLAYER, JENKINS (dir.).

BOTTOMS A., LIGHT R. (dir.) [1987], *Problems of Long-Term Imprisonment*, Aldershot & Brookfield, Gower.

BOURGOIN N. [1994], *Le Suicide en prison*, L'Harmattan, « Logiques sociales ».

BOWKER L. H. [1977], *Prison subcultures*, Lexington, DC Health & C°.

BRODEUR J.-P. [1976], « Surveiller et punir », *Criminologie*, 2.

BUFFARD S. [1973], *Le Froid pénitentiaire. L'impossible réforme des prisons*, Seuil.

CABANEL G.-P. [1996], *Pour une meilleure prévention de la récidive*, La Documentation française, « Rapports officiels ».

CARLIER C. [1994], *La Prison aux champs. Les colonies d'enfants délinquants du Nord de la France au XIXe siècle*, L'Atelier, « Champs pénitentiaires ». — [1997], *Histoire du personnel des prisons françaises du XVIIIe siècle à nos jours*, L'Atelier.

CARLIER C., CIRBA L. [1988], *La Lutte contre l'illettrisme en prison*, DAP.

CARLIER C., SPIRE J., WASSERMAN F. [1990], *Fresnes, la prison*, Fresnes, écomusée de Fresnes.

CASADAMONT G. [1984], *La Détention et ses surveillants. Représentations et champ carcéral*, thèse de doctorat, EHESS.

CASSAN F., KENSEY A., TOULEMON L. [2000], « L'histoire familiale des hommes détenus », *Insee première*, nº 706.

CASTAN N. [1991], « La préhistoire de la prison », *in* PETIT *et al.*

CASTEL R. [1995], *Les Métamorphoses de la question sociale, une chronique du salariat*, Fayard.

CATTANI M. [1994], *Les Visites en prison*, mémoire de maîtrise, université de Paris-V.

CHANTRAINE G. [2000], « La sociologie carcérale : approches et débats théoriques en France », *D & S*, XXIV-3.

CHAUVENET A. [1996], « L'échange et la prison », *in* FAUGERON, CHAUVENET, COMBESSIE (dir.), — [1998], « Guerre et paix en prison », *Les Cahiers de la sécurité intérieure*, nº 31. — [2000] « Les surveillants entre droit et sécurité, une contradiction de plus en plus aiguë », *in* VEIL, LHUILIER (dir.).

CHAUVENET A., ORLIC F., BENGUIGUI G. [1994], *Le Monde des surveillants de prison*, PUF, « Sociologies ».

CHESNAIS J.-C. [1976], « Le suicide dans les prisons », *Population*, I.

CHRISTIE N. [1993], *Crime Control as Industry. Towards Gulags, Western Style ?* Londres et New York, Routledge. — [1998], « Éléments de géographie pénale », *ARSS*, nº 124.

CLEMMER D. [1940], *The Prison Community*, New York, Rinehart, 1958.

COHEN A. K. [1976], « Prison Violence : a Sociological Perspective », *in* COHEN, COLE, BAILEY (dir.).

COHEN A. K., COLE G. F., BAILEY R.G. (dir.) [1976], *Prison Violence*, Lexington, DC Heath & Cº.

COLIN P. [1998], *La Multirécidive pénitentiaire, analyse sociologique des contextes de la multirécidive pénitentiaire chez des hommes condamnés à de courtes peines pour atteinte aux biens*, thèse de doctorat, université de Strasbourg.

COLLECTIF [1960], *Theorical Studies in Social Organization of the Prison*, New York, Social Science Research Council.

COLLECTIF [1997a], *Le Contrôle des conditions de détention dans les prisons d'Europe*, ANVP, Nacro, PRI.

COLLECTIF [1997b], *Position en droit et droit de plainte du détenu*, Bruxelles, La Charte.

COLLECTIF [2000], *Au Pied du mur. 765 raisons d'en finir avec toutes les prisons*, Montreuil, L'Insomniaque.

COMBESSIE J.-C., GEORGHIU M., BOUHEDJAH S. [1994], *Étude sur la pauvreté en prison*, DAP, Sceri.

COMBESSIE P. [1994], « L'ouverture des prisons et l'écosystème social environnant », *Droit et Société*, nº 28. — [1996], *Prisons des villes et des campagnes. Étude d'écologie sociale*, L'Atelier, « Champs pénitentiaires ». — [1998], « The Sensitive Perimeter of a prison : a key to understanding the durability of the penal institution », *in* RUGGIERO *et al.* — [1999], « Surveillants de prison, condamnés à l'obscurité ? », *Informations sociales*, n° 82 — [2000a], « Ouverture des prisons, jusqu'à quel point ? », *in* VEIL, LHUILIER (dir.). — [2000b], « Quand on enferme les pauvres, quand on appauvrit les enfermés… », *Panoramiques*, n° 45. — [2001], « Prisons in France : Stalemate or Evolution ? The Question is still Topical », *in* ZYL SMIT, DÜNKEL (dir.).

CONACHER G. N. [1992], « Le suicide dans les pénitenciers fédéraux du Canada », *Forum*, IV-3. — [1996], *Management of the mentally disordered offenders in prisons*, Montréal, McGill-Queen's University Press.

CRESSEY D. (dir.) [1961], *The Prison Studies in institutional Organization and Change*, New York, Rinehart & Winston.

DAUMAS J.-L., MEZINSKI P. [1994], *La Zonzon de Fleury*, Calmann-Lévy.

DEBUYST C. *et al.* [1995], *Histoire des savoirs sur le crime et la peine*, vol. 1, *Des savoirs diffus à la notion de criminel-né*. — [1998], *Histoire des savoirs sur le crime et la peine*, vol. 2, *La rationalité pénale et la naissance de la criminologie*, DB « PC ».

DEZALAY Y., GARTH B. [1998], « Droits de l'Homme et philanthropie hégémonique », *ARSS*, 121-122.

DIGNEFFE F. [1989], *Éthique et délinquance. La délinquance comme gestion de sa vie*, Méridiens Klincksieck. — [1995], « Problèmes sociaux et représentations du crime et du criminel », *in* DEBUYST *et al.*

DORLHAC DE BORNE H. [1984], *Changer la prison*, Plon, « Tribune libre ».

DUCPÉTIAUX E. [1865], *Réforme des prisons. Système cellulaire*, Bruxelles, Comptoir universel d'imprimerie et de librairie.

DURKHEIM E. [1963], *L'Éducation morale*, PUF, « Quadrige », 1992.

ETZIONI A. [1975], *A Comparative Analysis of complex organizations*, New York, Free Press.

FABIANI J.-L. [1995], *Lire en prison. Une étude sociologique*, Centre Pompidou, BPI.

FALQUE E. [1971], *Sortie de prison : enquête sociologique et reportage en direct sur les ex-détenus*, édition spéciale.

FAUCHER D. [1997], *Éthique médicale en milieu carcéral : suivi de personnes détenues en quartier d'isolement*, mémoire de DU, université Paris-VII.

FAUGERON C. (dir.) [1992], *Les Politiques pénales*, La Documentation française, « Problèmes politiques et sociaux », n° 688 — (dir.) [1995], *Prisons et politiques pénitentiaires*, La Documentation française, « Problèmes politiques et sociaux », n°s 755-756. — [1996], « Peut-on réduire l'emprise de l'enfermement ? Quelques questions sur la légitimité de la prison », *in* TULKENS, BOSLY (dir.), *La Justice pénale et l'Europe*, Bruxelles, Bruylant. — [1997a], « Quelques questions sur les dispositifs de contrôle des conditions de détention », *in* COLLECTIF. — [1997b], « Des faveurs aux droits : une évolution difficile ? État de la question en France », *in* COLLECTIF. — [1998], « Prison : Between the Law and Social Action », *in* RUGGIERO *et al.*, — [2000], « Réformer la prison, une perspective historique », *in* VEIL, LHUILIER (dir.).

FAUGERON C., CHAUVENET A., COMBESSIE P. (dir.) [1996], *Approches de la prison*, DB « PC ».

FAUGERON C., HOUCHON G. [1985], « Prison et pénalités : de la pénologie à une sociologie des politiques pénales », *L'Année sociologique*, 35.

FAUGERON C., LE BOULAIRE J.-M. [1992], « Prisons, peines de prison et ordre public », *RFS*, XXXIII, 1. — [1993], « Quelques remarques à propos de la récidive », *Kriminologishes Bulletin de Criminologie*, 1.

FAVARD J. [1987], *Des Prisons*, Gallimard. — [1994], *Les Prisons*, Flammarion, « Dominos ».

FOUCAULT M. [1975], *Surveiller et punir : naissance de la prison*, Gallimard, « Bibliothèque des Histoires ».

FRÉNOT C. [1998], *Qui étaient les pénitentiaires en 1996 ?*, DAP.

FROMENT J.-Ch. [1998], *La République des surveillants de prison. Ambiguïtés et paradoxes d'une politique pénitentiaire en France (1958-1998)*, Librairie générale de droit et de jurisprudence, « Droit et Société ».

GAILLAC H. [1970], *Les Maisons de correction 1830-1945*, Cujas.

GARAPON A., SALAS D. [1996], *La République pénalisée*, Hachette, « Questions de société » — (dir.) [1997], *La Justice et le mal*, Odile Jacob, « Opus ».

GENEPI [1997], *À l'ombre du savoir. Connaissances et représentations des Français sur la prison*, DAP, T & D, n° 52.

GLEIZAL J.-J., GATTI-DOMENACH J., JOURNÈS C., [1993], *La Police. Le cas des démocraties occidentales*, PUF, « Thémis ».

GODEFROY T., LAFFARGUE B. [1992], « Pauvreté, crime et prison », *L'Actualité sociale*, n° 194, La Documentation française. — [1993], *Les Coûts du crime en France. Les dépenses de sécurité*, Études et données pénales, n° 66, Cesdip.

GOFFMAN E. [1961], *Asiles. Études sur la condition sociale des malades mentaux et autres reclus*, Minuit, « Le sens commun », 1968.

GOODSTEIN L. [1979], « Inmate Adjustment to Prison and the Transition to Community Life », *Journal of Research in Crime and Delinquency*, 16.

GOTTRAUX M. (dir.) [1987], *Prisons, droit pénal : le tournant ?*, Lausanne, Éditions d'en bas.

GROSSER G. H. [1960], « External Setting and Internal Relations of the Prison », *in* COLLECTIF [1960].

GUÉNO J.-P., PECNARD J. (dir.) [2000], *Paroles de détenus*, Radio-France, Les Arènes.

GUILLAIN C., SCOHIER C. [2000], « La gestion pénale d'une cohorte de dossiers stupéfiants. Les résultats disparates d'une justice dite alternative », *in* VAN CAMPENHOUDT *et al.* (dir.).

GUILLONNEAU M. [2000], *Rapport sur les suicides de détenus (1998-1999)*, DAP.

GUILLONNEAU M., KENSEY A. [1998], *Les À-coups. Étude statistique des agressions contre le personnel de surveillance à partir de 376 rapports d'incidents*, DAP, T & D, n° 53.

HAWES J. A. [1985], *Cities with Prisons : do they have higher or lower Crime Rates ?*, Los Angeles, Senate Office of Research.

HERPIN N. [1977], *L'Application de la loi : deux poids, deux mesures*, Seuil.

HERTRICH V., FAUGERON C. [1987], *Les Élèves surveillants de 1968 à 1985*, Études et données pénales n° 52, Cesdip.

HERZOG-EVANS M. [1996], « Le droit pénitentiaire : un droit faible au service du contrôle des détenus ? », *in* FAUGERON, CHAUVENET, COMBESSIE (dir.). — [1998], *La Gestion du comportement des détenus. Essai de droit pénitentiaire*, L'Harmattan, « Logiques juridiques ».

HOUCHON G. [1969], « Ricerca sulle strutture sociali penitenziare e sulla cultura carceraria », *Quaderni di Criminologia Clinica*, III.

HUDSON B. [1987], *Justice through Punishment : A Critique of the « Justice » Model of Corrections*, Houndmills Londres, MacMillan.

HULSMAN L., BERNAT DE CELIS J. [1982], *Peines perdues, le système pénal en question*, Le Centurion, « Droits de l'homme et solidarité ».

IGNATIEFF M. [1978], *A Just Mesure of Pain. The Penitentiary in the Industrial Revolution, 1750-1850*, New York, Pantheon Books — [1984], « Historiographie critique du système pénitentiaire », *in* PETIT (dir.).

IRWIN J. [1980], *Prisons in Turmoil*, Glenview, Scott, Foresman & C°.

IRWIN J., CRESSEY D. [1962], « Thieves, convicts, and the inmate culture », *Social problems*, n° 10.

JACKSON B. [1972], *Leurs prisons*, Plon, 1975.

JACOBS J. B. [1977], *Stateville. The Penitentiary in Mass Society*, Chicago & Londres, University of Chicago Press.

JACQUARD A., AMBLARD H. [1993], *Un monde sans prisons ?*, Seuil, « Point Virgule ».

JAEGER M., MONCEAU M. [1996], *La Consommation des médicaments psychotropes en prison*, Érès.

JEAN J.-P. [1997], « Les détenus dangereux », *in* COLLECTIF [1997a].

JOUYS B. [1990], « Une peine hors les murs », *Projets*, n° 222, « Dépeupler les prisons ».

KALUSZYNSKI M. [1998a], « Les artisans de la loi. Espaces juridico-politiques en France sous la IIIe République », *Droit & Société*, n° 40 — [1998b]

« Construire la loi. La société générale des prisons (1877-1900) », *in* KALUSZYNSKI, WAHNICH (dir.).

KALUSZYNSKI M., WAHNICH S. (dir.) [1998], *L'État contre la politique ? Les expressions historiques de l'étatisation*, L'Harmattan, « Logiques politiques ».

KAMINSKI D. [1999], « L'assignation à domicile sous surveillance électronique : de deux expériences, l'autre », *Revue de droit pénal et de criminologie*, n° 4.

KAUFFMAN K. [1988], *Prison Officers and their World*, Cambridge (Mass.), Harvard University Press.

KENSEY A. [1992], *Le Temps compté. Étude sur l'exécution des peines des condamnés à 10 ans et plus libérés en 1989*, DAP, T & D, n° 43.

KENSEY A., CASSAN F., TOULEMON L. [2000], « La prison : un risque plus fort pour les classes populaires », *Cahiers de démographie pénitentiaire*, 9.

KENSEY A., TOURNIER P. [1991], *Le Retour en prison, analyse diachronique (détenus libérés en 1973, libérés en 1982, initialement condamnés à 3 ans ou plus)*, DAP, T & D, n° 40.
— [1994], *Libération, sans retour ? Devenir judiciaire d'une cohorte de sortants de prison condamnés à une peine à temps de 3 ans et plus*, DAP, T & D, n° 47.

KILLIAS M. [1991], *Précis de criminologie*, Berne, Staempli & C°.

KING R. D., MORGAN R. *et al.* [1980], *The Future of the Prison System*, Aldershot, Gower.

KLOFAS J.-M., TOCH H. [1982], « The Guard Subculture Myth », *Journal of Research in Crime and Delinquency*, XIX, 2.

KUHN A. [1987], « Les Origines du surpeuplement carcéral en Suisse », *D & S*, XI-4.
— [1996], « Étude des fluctuations de la population carcérale allemande », *D & S*, XX-1.

LABERGE D. [1983], *La Gestion de la marginalité : le cas des États-Unis aux XVIIIe et XIXe siècles*, thèse de doctorat, université de Montréal.

LAMBERT C. [1999], *Derrière les barreaux*, Michalon.

LANDENNE P. [1999], *Résister en prison. Patiences, passions, passages...*, Bruxelles, Lumen Vitæ.

LANDREVILLE P. [1999], « La surveillance électronique des délinquants : un marché en expansion », *D & S*, XXIII-1.

LAPLANTE J. [1985], *Crime et traitement. Introduction critique à la criminologie*, Montréal, Boréal Express.
— [1989], *Prison et ordre social au Québec*, Ottawa, PUO.

LASCOUMES P. [1977], *Prévention et contrôle social. Les contradictions du travail social*, Genève, Masson.

LÉAUTÉ J. [1968], *Les Prisons*, PUF, « Que sais-je ? ».

LE CAISNE L. [2000], *Prison. Une ethnologue en centrale*, Odile Jacob.

LE MOIGNE Ph. [2000], *Le Traitement des intraitables. L'Organisation sociale de la récidive chez les jeunes*, DB « PC ».

LEMIRE G. [1981], « La Libération conditionnelle : le point de vue de la sociologie des organisations », *Criminologie*, XXVI-4. — [1990], *Anatomie de la prison*, Montréal, PUM, Economica.

LÉONARD J. [1980], « À propos de Surveiller et punir... », *in* PERROT [dir.].

LESAGE DE LA HAYE J. [1978], *La Guillotine du sexe. La vie affective et sexuelle des prisonniers*, L'Atelier, 1998.

LETANOUX J. [1998], « Prisons : gestion des risques et/ou traitement de la vulnérabilité », *Mana, Revue de sociologie et d'anthropologie*, nº 5.

LÉVY R. [1987], *Du suspect au coupable : le travail de police judiciaire*, Méridiens Klincksieck.

LHUILIER D., AYMARD N. [1997], *L'Univers pénitentiaire. Du côté des surveillants de prison*, Desclée de Brouwer, « Sociologie clinique ».

LHUILIER D., LEMISZEWSKA A. [2001], *Le Choc carcéral*, Bayard.

LUCAS Cl. [1995], *Suerte. L'Exclusion volontaire*, Plon.

MAGUIRE M., VAGG J., MORGAN R. [1985], *Accountability and prisons : opening up a closed world*, Londres et New York, Tavistock.

MARCHETTI A.-M. [1981], *La Réinsertion des sortants de prison dans le cadre des centres d'hébergement*, thèse de doctorat, université de Paris-VIII. — [1997], *Pauvretés en prison*, Érès, « Trajets ».

MARCHETTI A.-M., COMBESSIE P. [1996], *La Prison dans la Cité*, Desclée de Brouwer, « Habiter ».

MARSHALL T. F. [1998], *Restorative Justice. An Overview*, Minneapolis, Centre for restorative Justice and Mediation.

MARY F.-L. [1998], « Les Femmes et le contrôle pénal en France : quelques données récentes », *D & S*, XXII-3.

MARY Ph. (dir.) [1988], *Révolte carcérale. Changements et logique pérenne de la prison*, Bruxelles, Story-Scientia.

MARY P., PAPATHEODOROU T. (dir.) [2000], *Délinquance et insécurité en Europe : vers une pénalisation du social ou un nouveau modèle de justice ?*, Bruxelles, Bruylant.

MATHIESEN T. [1965], *The Defences of the Weak. A Sociological Study of a Norwegian Correctional Institution*, Londres, Tavistock. — [1974], *The Politics of Abolition, Essays in Political Action Theory*, Oslo, Scandinavian University Books, « Scandinavian Studies in Criminology ».

MOLINIER C. [1992], *Un séjour à Fresnes*, Versailles, L'Anabase, « Témoignages ».

MONTANDON C., CRETTAZ B. [1981], *Paroles de gardiens, paroles de détenus : bruits et silences de l'enfermement*, Genève, Masson.

MORRIS T., MORRIS P. [1963], *Pentonville. A Sociological Study of an English Prison*, Londres, Routledge & Kegan Paul.

MURPHY J. W., DISON J. E. (dir.) [1990], *Are Prisons any better ? Twenty Years of Correc-*

tional Reform, Newbury Park, Londres, New Delhi, Sage Publications.

NORMANDEAU A., DOUYON E. (dir.) [1995], *Justice et communautés culturelles ?*, Laval, Méridien.

OGIEN A. [1995], *Sociologie de la déviance*, A. Colin. — [2000], *Sociologie de la déviance et usages de drogues. Une contribution de la sociologie américaine*, GDR Psychotropes, Politique et Société.

OHLIN L. E. [1960], « Conflicting Interests in Correctional Objectives », *in* COLLECTIF [1960].

OIP [1998], *Enfants en prison, rapport d'observation sur les conditions de détention des mineurs dans 51 pays*, OIP.

PARENT C. [1997], *Féminismes et criminologie*, DB « PC ».

PEREGO L. [1990], *Retour à la case prison*, L'Atelier.

PERRIN-MARTIN J.-P. (dir.) [1996], *La Rétention*, L'Harmattan.

PERROT M. (dir.) [1980], *L'Impossible Prison. Recherches sur le système pénitentiaire au XIXe siècle*, Seuil.

PETERS T. [1976], « Attribution discriminatoire du régime au cours de l'exécution de longues peines », *D & S*, I-1.

PETIT J.-G. (dir.) [1984], *La Prison, le bagne et l'histoire*, Méridiens Klincksieck. — [1990], *Ces peines obscures, la prison pénale en France, 1780-1875*, Fayard. — *Et al.* [1991], *Histoire des galères, bagnes et prisons, XIIIe-XXe siècles, introduction à l'histoire pénale de la France*, Toulouse, Privat.

PINATEL J. [1960], *Traité élémentaire de science pénitentiaire et de défense sociale*, Melun, Imprimerie administrative.

PIRÈS A. [1998], « La formation de la rationalité pénale moderne », *in* DEBUYST *et al.*

PLAYER E., JENKINS M. (dir.) [1994], *Prisons after Woolf. Reform through Riot*, Londres, Routledge.

POLLAK M. [1990], *L'Expérience concentrationnaire. Essai sur le maintien de l'identité sociale*, Métailié.

PONCELA P. [1997], « La mise à l'isolement », *Revue de science criminelle et de droit pénal comparé*, n° 2.

PRADIER P. [1999], *La Gestion de la santé dans les établissements du programme 13 000*, rapport au garde des Sceaux.

RENOUARD J.-M. [1990], *De l'enfant coupable à l'enfant inadapté*, Le Centurion. — [1999], « La prison de l'Île-de-Ré : un travail d'équipe », *Questions pénales*, XII-4.

ROBERT P. [1984], *La Question pénale*, Droz. — [1985], *Les Comptes du crime*, Le Sycomore. — [1991], *La Création de la loi et ses acteurs, l'exemple du droit pénal*, Onati, Onati Proceedings. — [1992], *Entre l'ordre et la liberté, la détention provisoire, deux siècles de débats*, L'Harmattan.

ROBERT P., FAUGERON C. [1978], *La Justice et son public : les représentations sociales du système pénal*, Genève, Masson. — [1980], *Les Forces cachées de la justice. La crise de la justice pénale*, Le Centurion.

ROSTAING C. [1997], *La Relation carcérale. Identités et rapports sociaux dans les prisons de femmes*, PUF, « Le lien social ».

ROTH R. [1981], *Pratiques pénitentiaires et théorie sociale, l'exemple de la prison de Genève 1825-1862*, Genève, Droz.

ROTILY M. [1998], « L'usage de drogues en milieu carcéral : approche épidémiologique », *Les Cahiers de la sécurité intérieure*, n° 31.

RUGGIERO V. *et al.* (dir.) [1998], *The New European Criminology*, Londres et New York, Routledge.

RUSCHE G., KIRCHHEIMER O. [1939], *Peine et structure sociale. Histoire et « théorie critique » du système pénal*, présentation R. Lévy et H. Zander, Cerf, 1994.

SERVERIN É. [2000], *Sociologie du droit*, La Découverte, « Repères ».

SEYLER M. [1986], « La consommation dans les établissements pénitentiaires », *Déviance et contrôle social*, n° 41, Cesdip.

SNACKEN S., TUBEX H. [1996], « L'évolution des longues peines de prison. Sélectivité et dualisation », *in* FAUGERON, CHAUVENET, COMBESSIE (dir.). — [1999], « Libération conditionnelle et opinion publique », *Revue de Droit Pénal et de Criminologie*, 5.

SOLJENITSYNE A. [1973], *L'Archipel du Goulag*, Fayard, 1991.

SPARKS R., BOTTOMS A., HAY W. [1996], *Prisons and the Problem of Order*, Oxford, Clarendon Press.

STASTNY C., TYRNAUER G. [1982], *Who rules the joint ?*, Lexington, Lexington Books.

SYKES G. [1958], *The Society of captives. A study of a maximum security prison*, Princeton, Princeton University Press.

TOCQUEVILLE A. de [1840], *De la démocratie en Amérique*, Gallimard, 1967.

TOURNIER P. V. [1981], *Contribution à la connaissance des personnes incarcérées en France, analyse démographique*, thèse de doctorat, université de Paris-I. — [1996], *La Prison à la lumière du nombre, démographie carcérale en trois dimensions*, mémoire d'HDR, université de Paris-I. — [1999], *Statistiques pénales annuelles du Conseil de l'Europe*, Strasbourg, Conseil de l'Europe — [2000], « Apports de la démographie à l'étude du changement dans l'univers carcéral », *in* VEIL, LHUILIER (dir.).

TRÉPANIER J., TULKENS F. [1995], *Délinquance et protection de la jeunesse*, DB « PC ».

TRINQUIER C. [1997], *Femmes en prison*, Cherche-Midi.

VALLOTON A. [2000], « De l'alternative à la prison à une prison alternative », *Panoramiques*, 45.

VAN CAMPENHOUDT L. *et al.* (dir.) [2000], *Les Politiques de sécurité en Belgique. Des discours aux pratiques*, Bruxelles, Labor.

VANNESTE C. [1996], « L'évasion quantifiée », *in* FAUGERON, CHAUVENET, COMBESSIE (dir.). — [2000], *Les Chiffres des prisons. Des logiques éco-*

nomiques à leur traduction pénale, L'Harmattan, « Logiques sociales – Déviance et Société ».

VASSEUR V. [2000], *Médecin-chef à la Santé*, Cherche-Midi.

VEIL C., LHUILIER D. (dir.) [2000], *La Prison en changement*, Érès, « Trajets ».

VERDIER R., POLY J.-P., COURTOIS B. [1981], *La Vengeance 1. Vengeance et pouvoir dans quelques sociétés extra-occidentales*, Cujas.

VIMONT J.-Cl. [1993], *La Prison politique en France, genèse d'un mode d'incarcération spécifique*, Anthropos.

VOGEL M. [1998], *Contrôler les prisons. L'inspection générale des services administratifs et l'administration pénitentiaire 1907-1948*, La Documentation française.

VON HIRSCH A. [1976], *Doing Justice : the Choice of Punishments*, New York, Hill & Wong.

WACQUANT L. [1998], « L'Ascension de l'État pénal en Amérique », *ARSS*, n° 124. — [1999], *Les Prisons de la misère*, Raisons d'agir.

WALKER N. [1987], « The Unwanted Effects of long-term imprisonment », *in* BOTTOMS, LIGHT (dir.).

WARD D. A. [1987], « Control strategies for problem prisoners in American penal systems », *in* BOTTOMS, LIGHT (dir.).

WELZER-LANG D., MATHIEU L., FAURE M. [1996], *Sexualités et violences en prison*, OIP, Aléas.

WOOLF J., TUMIM S. [1991], *Prison Disturbances. April 1990 : Report of an Inquiry*, Londres, HMSO.

ZAUBERMAN R., ROBERT P. [1995], *Du côté des victimes. Un autre regard sur la délinquance*, L'Harmattan, « Logiques sociales ».

ZYL SMIT D. VAN, DÜNKEL F. (dir.) [2001], *Imprisonment Today and Tomorrow. International Perspectives on Prisoners'Rights and Prison Conditions*, Boston, Londres et La Haye, Kluwer.

Table

Collection

R E P È R E S

dirigée par
JEAN-PAUL PIRIOU

avec BERNARD COLASSE, PASCAL COMBEMALE, FRANÇOISE DREYFUS, HERVÉ HAMON, DOMINIQUE MERLLIÉ *et* CHRISTOPHE PROCHASSON

L'affaire Dreyfus, n° 141, Vincent Duclert.

L'aménagement du territoire, n° 176, Nicole de Montricher.

L'analyse financière de l'entreprise, n° 153, Bernard Colasse.

L'argumentation dans la communication, n° 204, Philippe Breton.

Les banques, n° 21, Claude J. Simon.

Les bibliothèques, n° 247, Anne-Marie Bertrand.

Le budget de l'État, n° 33, Maurice Baslé.

Le calcul des coûts dans les organisations, n° 181, Pierre Mévellec.

Le calcul économique, n° 89, Bernard Walliser.

Le capitalisme historique, n° 29, Immanuel Wallerstein.

Les catégories socioprofessionnelles, n° 62, Alain Desrosières et Laurent Thévenot.

Les catholiques en France depuis 1815, n° 219, Denis Pelletier.

Le chômage, n° 22, Jacques Freyssinet.

Chronologie de la France au XXe siècle, n° 286, Catherine Fhima.

Les collectivités locales, n° 242, Jacques Hardy.

Le commerce international, n° 65, Michel Rainelli.

La comptabilité anglo-saxonne, n° 201, Peter Walton.

La comptabilité en perspective, n° 119, Michel Capron.

La comptabilité nationale, n° 57, Jean-Paul Piriou.

La concurrence imparfaite, n° 146, Jean Gabszewicz.

Les conditions de travail, n° 301, Michel Gollac et Serge Volkoff.

La consommation des Français
1. n° 279 ; **2.** n° 280, Nicolas Herpin et Daniel Verger.

Les Constitutions françaises, n° 184, Olivier Le Cour Grandmaison.

Le contrôle de gestion, n° 227, Alain Burlaud, Claude J. Simon.

La Cour des comptes, n° 240, Rémi Pellet.

Coût du travail et emploi, n° 241, Jérôme Gautié.

Critique de l'organisation du travail, n° 270, Thomas Coutrot.

La décentralisation, n° 44, Xavier Greffe.

La démographie, n° 105, Jacques Vallin.

La dette des tiers mondes, n° 136, Marc Raffinot.

Le développement économique de l'Asie orientale, n° 172, Éric Bouteiller et Michel Fouquin.

Les DOM-TOM, n° 151, Gérard Belorgey et Geneviève Bertrand.

Le droit international humanitaire, n° 196, Patricia Buirette.

Droit de la famille, n° 239, Marie-France Nicolas-Maguin.

Le droit du travail, n° 230, Michèle Bonnechère.

Droit pénal, n° 225, Cécile Barberger.

Économie bancaire, n° 268, Laurence Scialom.

L'économie britannique depuis 1945, n° 111, Véronique Riches.

L'économie de l'Afrique, n° 117, Philippe Hugon.

Économie de l'automobile, n° 171, Jean-Jacques Chanaron et Yannick Lung.

L'économie de la connaissance, n° 302, Dominique Foray.

L'économie de la culture, n° 192, Françoise Benhamou.

L'économie de la drogue, n° 213, Pierre Kopp.

Économie du droit, n° 261, Thierry Kirat.

Économie de l'environnement, n° 252, Pierre Bontems et Gilles Rotillon.

L'économie française 2001, n° 306, OFCE.

L'économie des inégalités, n° 216, Thomas Piketty.
Économie de l'innovation, n° 259, Dominique Guellec.
L'économie de l'Italie, n° 175, Giovanni Balcet.
L'économie du Japon, n° 235, Évelyne Dourille-Feer.
L'économie des organisations, n° 86, Claude Menard.
Économie de la presse, n° 283, Patrick Le Floch et Nathalie Sonnac.
Économie des réseaux, n° 293, Nicolas Curien.
Économie des ressources humaines, n° 271, François Stankiewicz.
L'économie de la RFA, n° 77, Magali Demotes-Mainard.
L'économie de la réglementation, n° 238, François Lévêque.
L'économie des relations interentreprises, n° 165, Bernard Baudry.
L'économie des services, n° 113, Jean Gadrey.
L'économie du sport, n° 309, Jean-François Bourg et Jean-Jacques Gouguet.
Économie et écologie, n° 158, Frank-Dominique Vivien.
L'économie française 2000, n° 277, OFCE.
L'économie informelle dans le tiers monde, n° 155, Bruno Lautier.
L'économie mondiale 2001, n° 296, CEPII.
L'économie mondiale des matières premières, n° 76, Pierre-Noël Giraud.
L'économie sociale, n° 148, Claude Vienney.
L'emploi en France, n° 68, Dominique Gambier et Michel Vernières.
Les employés, n° 142, Alain Chenu.
L'ergonomie, n° 43, Maurice de Montmollin.
Éthique économique et sociale, n° 300, Christian Arnsperger et Philippe Van Parijs.
L'éthique dans les entreprises, n° 263, Samuel Mercier.
Les étudiants, n° 195, Olivier Galland et Marco Oberti.
L'Europe politique, n° 190, Guillaume Courty et Guillaume Devin.
L'Europe sociale, n° 147, Daniel Lenoir.
Le FMI, n° 133, Patrick Lenain.
La fonction publique, n° 189, Luc Rouban.
La formation professionnelle continue, n° 28, Claude Dubar.
La France face à la mondialisation, n° 248, Anton Brender.
Les grandes économies européennes, n° 256, Jacques Mazier.
Histoire de l'administration, n° 177, Yves Thomas.
Histoire de l'Algérie coloniale, 1830-1954, n° 102, Benjamin Stora.
L'histoire des États-Unis depuis 1945, n° 104, Jacques Portes.
Histoire de l'Europe monétaire, n° 250, Jean-Pierre Patat.
Histoire de la guerre d'Algérie, 1954-1962, n° 115, Benjamin Stora.
Histoire des idées politiques en France au XIXe siècle, n° 243, Jérôme Grondeux.
Histoire des idées socialistes, n° 223, Noëlline Castagnez.
Histoire du Parti communiste français, n° 269, Yves Santamaria.
Histoire du parti socialiste, n° 222, Jacques Kergoat.
Histoire de la philosophie, n° 95, Christian Ruby.
Histoire politique de la IIIe République, n° 272, Gilles Candar.
Histoire politique de la IVe République, n° 299, Éric Duhamel.
Histoire du travail des femmes, n° 284, Françoise Battagliola.
Histoire du radicalisme, n° 139, Gérard Baal.
Histoire sociale du cinéma français, n° 305, Yann Darré.
Histoire de la société de l'information, n° 312, Armand Mattelart.
Histoire de la sociologie :
1. **Avant 1918**, n° 109
2. **Depuis 1918**, n° 110,
Charles-Henri Cuin et François Gresle.
Histoire des théories de l'argumentation, n° 292, Philippe Breton et Gilles Gauthier.

Les outils de la décision stratégique
1 : Avant 1980, n° 162,
2 : Depuis 1980, n° 163, José Allouche et Géraldine Schmidt.
Les personnes âgées, n° 224, Pascal Pochet.
La philosophie de Marx, n° 124, Étienne Balibar.
La politique de l'emploi, n° 228, DARES.
La politique étrangère de la France depuis 1945, n° 217, Frédéric Bozo.
La politique financière de l'entreprise, n° 183, Christian Pierrat.
La population française, n° 75, Jacques Vallin.
La population mondiale, n° 45, Jacques Vallin.
Le postcommunisme en Europe, n° 266, François Bafoil.
La presse magazine, n° 264, Jean-Marie Charon.
La presse quotidienne, n° 188, Jean-Marie Charon.
La protection sociale, n° 72, Numa Murard.
Les protestants en France depuis 1789, n° 273, Rémi Fabre
La psychanalyse, n° 168, Catherine Desprats-Péquignot.
La publicité, n° 83, Armand Mattelart.
Quel avenir pour nos retraites ?, n° 289, Gaël Dupont et Henri Sterdyniak.
La question nationale au XIXe siècle, n° 214, Patrick Cabanel.
Le régime de Vichy, n° 206, Marc Olivier Baruch.
Le régime politique de la Ve République, n° 253, Bastien François.
Les régimes politiques, n° 244, Arlette Heymann-Doat.
La régionalisation de l'économie mondiale, n° 288, Jean-Marc Siroën.
Le revenu minimum garanti, n° 98, Chantal Euzéby.
Les revenus en France, n° 69, Yves Chassard et Pierre Concialdi.
La santé des Français, n° 180, Haut Comité à la santé publique.
Les sciences de l'éducation, n° 129, Éric Plaisance et Gérard Vergnaud.
La sexualité en France, n° 221, Maryse Jaspard.
Sociologie de la bourgeoisie, n° 294, Michel Pinçon et Monique Pinçon-Charlot.
Sociologie des cadres, n° 290, Paul Bouffartigue et Charles Gadea.
La sociologie du chômage, n° 179, Didier Demazière.
Sociologie du droit, n° 282, Évelyne Séverin.
La sociologie de Durkheim, n° 154, Philippe Steiner.
La sociologie économique, n° 274, Philippe Steiner.
Sociologie de l'éducation, n° 169, Marlaine Cacouault et Françoise Œuvrard.
Sociologie de l'emploi, n° 132, Margaret Maruani et Emmanuèle Reynaud.
Sociologie des entreprises, n° 210, Christian Thuderoz.
La sociologie en France, n° 64, ouvrage collectif.
La sociologie de Georg Simmel, n° 311, Frédéric Vandenberghe.
Sociologie historique du politique, n° 209, Yves Déloye.
Sociologie du journalisme, n° 313, Erik Neveu.
La sociologie de Marx, n° 173, Jean-Pierre Durand.
Sociologie des mouvements sociaux, n° 207, Erik Neveu.
La sociologie de Norbert Elias, n° 233, Nathalie Heinich.
Sociologie de l'organisation sportive, n° 281, William Gasparini.
Sociologie des organisations, n° 249, Lusin Bagla-Gökalp.
Sociologie des relations professionnelles, n° 186, Michel Lallement.
Sociologie du sport, n° 164, Jacques Defrance.
Sociologie des syndicats, n° 304, Dominqiue Andolfatto et Dominique Labbé.
La sociologie du travail, n° 257, Sabine Erbès-Seguin.
Les sondages d'opinion, n° 38, Hélène Meynaud et Denis Duclos.

Les stratégies des ressources humaines, n° 137, Bernard Gazier.
Le syndicalisme en France depuis 1945, n° 143, René Mouriaux.
Le syndicalisme enseignant, n° 212, Bertrand Geay.
Le système éducatif, n° 131, Maria Vasconcellos.
Le système monétaire international, n° 97, Michel Lelart.
Les taux de change, n° 103, Dominique Plihon.
Les taux d'intérêt, n° 251, A. Benassy-Quéré, L. Boone et V. Coudert.
Les tests d'intelligence, n° 229, Michel Huteau et Jacques Lautrey.
La théorie de la décision, n° 120, Robert Kast.
Les théories économiques du développement, n° 108, Elsa Assidon.
La théorie économique néoclassique :
1. **Microéconomie**, n° 275,
2. **Macroéconomie**, n° 276,
Bernard Guerrien.
Les théories de la monnaie, n° 226, Anne Lavigne et Jean-Paul Pollin.
Les théories des crises économiques, n° 56, Bernard Rosier.
Les théories du salaire, n° 138, Bénédicte Reynaud.
Les théories sociologiques de la famille, n° 236, Catherine Cicchelli-Pugeault et Vincenzo Cicchelli.
Le tiers monde, n° 53, Henri Rouillé d'Orfeuil.
Le travail des enfants dans le monde, n° 265, Bénédicte Manier.
Travail et emploi des femmes, n° 287, Margaret Maruani.
Les travailleurs sociaux, n° 23, Jacques Ion et Jean-Paul Tricart.
L'Union européenne, n° 170, Jacques Léonard et Christian Hen.
L'urbanisme, n° 96, Jean-François Tribillon.

Dictionnaires

R E P È R E S

Dictionnaire de gestion, Élie Cohen.
Dictionnaire d'analyse économique, *microéconomie, macroéconomie, théorie des jeux, etc.*, Bernard Guerrien.

Guides

R E P È R E S

L'art de la thèse, *Comment préparer et rédiger une thèse de doctorat, un mémoire de DEA ou de maîtrise ou tout autre travail universitaire*, Michel Beaud.
Guide du stage en entreprise, Michel Villette.
Guide de l'enquête de terrain, Stéphane Beaud, Florence Weber.
Voir, comprendre, analyser les images, Laurent Gervereau.

Manuels

R E P È R E S

Analyse macroéconomique 1.
Analyse macroéconomique 2.
17 auteurs sous la direction de Jean-Olivier Hairault.

Composition Facompo, Lisieux (Calvados)
Achevé d'imprimer en avril 2001 sur les presses
de l'imprimerie Campin, Tournai (Belgique)
Dépôt légal : mai 2001.